Il venditore consapevole: tecniche di eccellenza nella vendita e un mindset vincente

Sfrutta il potere del mindset e delle migliori tecniche per potenziare le tue performance di vendita.

di Alfredo Sacchi

Sommario

Capitolo 1. Fondamenti del Venditore Consapevole: connettere mente e azione per il successo. 4

Capitolo 2: La Psicologia dell'Acquirente: comprendere e influenzare il comportamento del cliente. 16

Capitolo 3: Comunicazione Persuasiva: utilizzare il linguaggio e la presentazione per influenzare positivamente 29

Capitolo 4: Creare rapport e connessione: costruire relazioni autentiche con i clienti. 41

Capitolo 5: Gestione delle Obiezioni: affrontare le resistenze e trasformarle in opportunità 52

Capitolo 7: Vendita Consultiva: offrire soluzioni personalizzate e creare valore per il cliente 69

Capitolo 8: Gestione del tempo e organizzazione: ottimizzare la produttività e massimizzare i risultati 79

Capitolo 9: Resilienza mentale: affrontare le sfide e mantenere alta la motivazione 88

Capitolo 10: Evoluzione continua: mantenere l'agilità e adattarsi alle nuove tendenze 97

Capitolo 1. Fondamenti del Venditore Consapevole: connettere mente e azione per il successo.

Nel mondo della vendita, l'importanza del mindset non può essere sottovalutata. Il modo in cui un venditore pensa e percepisce se stesso, il suo prodotto o servizio e il processo di vendita stesso può fare la differenza tra il successo e il fallimento. Il mindset, o la mentalità è uno strumento potente che può influenzare le azioni, le emozioni e gli atteggiamenti di un individuo.

Vediamo perché il mindset è cruciale nel processo di vendita.

In primo luogo, il mindset influisce sull'atteggiamento di un venditore. Se un venditore ha una mentalità positiva e orientata al successo, sarà più propenso a intraprendere azioni proattive e affrontare le sfide con determinazione. D'altra parte, se un venditore ha una mentalità negativa o pessimistica, potrebbe essere incline a evitare le situazioni difficili o a sentirsi scoraggiato di fronte ai rifiuti. Il mindset positivo e resiliente è fondamentale per mantenere una mentalità aperta e proattiva, che è essenziale per affrontare i rigori della vendita.

In secondo luogo, il mindset influenza la fiducia e l'autostima di un venditore. Quando un venditore ha fiducia in sé stesso e nelle proprie capacità, sarà in grado di comunicare con sicurezza con i potenziali clienti. La fiducia e l'autostima si riflettono nell'atteggiamento, nella voce e nella postura di un venditore, trasmettendo un senso di professionalità e credibilità. Al contrario, un venditore con un mindset dubbioso o insicuro potrebbe apparire poco convincente e non ispirare fiducia nei clienti. Il mindset vincente è fondamentale per sviluppare una fiducia solida e costruttiva, che aiuta a creare rapporti di fiducia con i clienti.

In terzo luogo, il mindset influenza la capacità di gestire il rifiuto e l'obiezione. La vendita è un'attività che comporta inevitabilmente rifiuti e obiezioni da parte dei clienti. Un venditore con un mindset resiliente sarà in grado di affrontare i rifiuti in modo costruttivo, considerandoli come opportunità di apprendimento e miglioramento. Questo mindset consente al venditore di analizzare le obiezioni dei clienti e rispondere in modo efficace, trasformando le obiezioni in opportunità per fornire ulteriori informazioni e chiarimenti. Al contrario, un venditore con un mindset negativo potrebbe reagire emotivamente al rifiuto o alle obiezioni, perdendo l'opportunità di convertire il potenziale cliente. Un mindset resiliente e orientato alla soluzione è cruciale per gestire con successo il rifiuto e le obiezioni durante il processo di vendita.

La consapevolezza invece permette di analizzare in modo oggettivo le proprie performance di vendita, identificando cosa funziona e cosa invece necessita di miglioramento. Solo quando siamo consapevoli dei nostri errori e delle aree in cui dobbiamo migliorare, possiamo prendere azioni correttive per ottenere risultati migliori.

Ma la consapevolezza non riguarda solo l'analisi delle proprie competenze, ma anche la consapevolezza di ciò che accade intorno a noi. Essere consapevoli del mercato, dei clienti, dei trend e delle opportunità è fondamentale per poter adattare la propria strategia di vendita e rispondere in modo efficace alle esigenze dei clienti.

La consapevolezza ci permette anche di essere più presenti e attenti durante le interazioni con i clienti.

Spesso, nella frenesia della vendita, siamo tentati di pensare a cosa dire o fare successivamente, senza prestare la giusta attenzione a ciò che il cliente sta comunicando. Essere consapevoli significa invece essere pienamente presenti nel momento e ascoltare attivamente ciò che il cliente sta dicendo. Solo così possiamo cogliere le sue esigenze e offrire soluzioni mirate.

La consapevolezza ci permette inoltre di gestire in modo efficace lo stress e le situazioni difficili. La vendita può essere un lavoro stressante e pieno di sfide, ma una persona consapevole è in grado di riconoscere quando sta diventando troppo stressata e prendere le misure necessarie per gestire la situazione in modo sano e costruttivo. La consapevolezza ci permette di rimanere calmi e concentrati anche nelle situazioni più complesse, aiutandoci a prendere decisioni ponderate e razionali.

Infine, la consapevolezza ci permette di adottare un approccio di apprendimento continuo. Quando siamo consapevoli delle nostre competenze e delle nostre limitazioni, siamo disposti ad investire tempo ed energie per acquisire nuove competenze e migliorare le nostre performance. Essere consapevoli significa essere aperti al cambiamento e alla crescita, pronti ad adattarci alle nuove sfide e opportunità che si presentano.

La consapevolezza, dunque, è la base per lo sviluppo delle competenze di vendita. Essa permette di analizzare e comprendere le proprie abilità, di adattarsi alle esigenze del mercato e dei clienti, di essere presenti e attenti durante le interazioni con i clienti, di gestire lo stress e le situazioni difficili, e di adottare un approccio di apprendimento continuo. Solo attraverso la consapevolezza è possibile sviluppare un mindset vincente e raggiungere l'eccellenza nella vendita.

È necessario poi Integrare l'intenzione e l'azione per ottenere risultati straordinari nella vendita. Spesso, infatti, le persone possono avere buone intenzioni e desiderare di raggiungere grandi risultati, ma se queste intenzioni non vengono tradotte in azioni concrete e mirate, rimarranno solo sogni irrealizzati.

L'intenzione è il punto di partenza, è ciò che ci spinge a voler raggiungere determinati obiettivi. È il nostro motore interno, la nostra motivazione. Tuttavia, l'intenzione da sola non è sufficiente. È necessario tradurre queste intenzioni in azioni concrete, mettendo in pratica le strategie e le tecniche di vendita apprese.

Per integrare l'intenzione e l'azione, è importante avere chiari obiettivi e un piano d'azione ben definito. Senza una mappa dettagliata di come raggiungere i nostri obiettivi, rischiamo di perdere di vista la direzione da seguire. Un piano d'azione ci permette di organizzare le nostre azioni in modo coerente e sistematico, aiutandoci a tenere traccia dei progressi compiuti e apportare eventuali modifiche quando necessario.

Inoltre, è fondamentale essere consapevoli delle nostre azioni e del loro impatto sui risultati. Spesso, siamo abituati a compiere azioni in modo automatico, senza riflettere sulla loro efficacia. Essere consapevoli delle nostre azioni ci permette di valutare se stiamo seguendo la giusta strada e se le nostre azioni stanno producendo i risultati desiderati. Se notiamo che qualcosa non funziona, siamo in grado di apportare le modifiche necessarie e adattarci alle nuove circostanze.

L'integrazione tra intenzione e azione richiede anche un impegno costante. Non basta agire solo occasionalmente o quando ci sentiamo motivati. È necessario impegnarsi quotidianamente, anche quando le cose diventano difficili o quando siamo tentati di arrenderci. Solo attraverso l'impegno costante possiamo ottenere risultati straordinari nel lungo termine.

Un'altra chiave per integrare l'intenzione e l'azione è la focalizzazione. Spesso, nella vendita, siamo bombardati da molteplici compiti e richieste. È facile disperdere la nostra energia e attenzione su troppe cose contemporaneamente. La focalizzazione ci permette di concentrarci sulle attività più importanti e prioritarie, evitando di disperdere le nostre risorse su attività secondarie.

Infine, è importante tenere presente che l'integrazione tra intenzione e azione richiede anche flessibilità e adattabilità. Le circostanze possono cambiare, le strategie che abbiamo pianificato potrebbero non funzionare come previsto. È quindi necessario essere aperti al cambiamento e disposti a modificare il nostro approccio di vendita, adattandoci alle nuove situazioni.

Integrare l'intenzione e l'azione è fondamentale per ottenere risultati straordinari nella vendita. È attraverso l'azione concreta e mirata che possiamo trasformare le nostre intenzioni in risultati tangibili. L'integrazione richiede chiari obiettivi, un piano d'azione ben definito, consapevolezza delle nostre azioni, impegno costante, focalizzazione e adattabilità. Solo dunque combinando l'intenzione con l'azione possiamo raggiungere il successo nella vendita e potenziare le nostre performance

Un ruolo di fondamentale importanza per raggiungere il successo e potenziare le performance nella vendita è quello della visualizzazione e dell'auto-motivazione. La visualizzazione è una tecnica potente che ci permette di creare immagini mentali dei risultati desiderati e di anticipare il successo. L'auto-motivazione, d'altra parte, è ciò che ci spinge a perseguire costantemente i nostri obiettivi e a superare le sfide che incontriamo lungo il percorso.

La visualizzazione è un processo che coinvolge l'immaginazione e la creazione di immagini vivide nella mente. Nel contesto della vendita, ciò significa visualizzare se stessi raggiungere i propri obiettivi di vendita, avere successo nelle trattative, soddisfare i clienti e superare le sfide. La visualizzazione può essere utilizzata come strumento per aumentare la fiducia in se stessi e la motivazione, ma anche per migliorare le abilità di vendita.

Quando visualizziamo noi stessi raggiungere i nostri obiettivi, il nostro cervello riceve segnali positivi che stimolano la motivazione e la fiducia. Questo processo ci aiuta a concentrarci sui risultati desiderati e a creare uno stato mentale positivo, che ci permette di affrontare le sfide con maggiore determinazione e resilienza. La visualizzazione ci aiuta anche a identificare le azioni concrete che possiamo intraprendere per raggiungere i nostri obiettivi, migliorando così le nostre abilità di vendita.

L'auto-motivazione, d'altra parte, è l'energia interna che ci spinge a perseguire i nostri obiettivi e ad agire anche quando le cose diventano difficili. Essa è fondamentale nella vendita, dove ci sono inevitabilmente momenti di delusione, rifiuti e sfide. L'auto-motivazione ci permette di superare questi ostacoli, di rimanere concentrati sui nostri obiettivi e di trovare soluzioni creative alle difficoltà.

Per mantenere alta l'auto-motivazione, è importante avere una chiara visione del nostro perché. Qual è la nostra motivazione profonda per fare vendita? Per alcuni potrebbe essere la passione per aiutare i clienti a risolvere i loro problemi, per altri potrebbe essere il desiderio di raggiungere il successo finanziario o di crescere professionalmente. Identificare il proprio perché ci aiuta a mantenere la motivazione anche nei momenti di sfida e a trovare un senso di significato nel nostro lavoro.

Oltre alla visualizzazione e all'auto-motivazione, è importante anche creare un ambiente che favorisca la motivazione e l'impegno. Ciò può includere la definizione di obiettivi realistici e stimolanti, la creazione di un piano d'azione strutturato, l'impostazione di piccoli obiettivi intermedi per tenere alta la motivazione e la celebrazione dei successi raggiunti lungo il percorso.

La visualizzazione, dunque, ci permette di creare immagini mentali dei risultati desiderati e di migliorare le nostre abilità di vendita, mentre l'auto-motivazione ci spinge a perseguire i nostri obiettivi e a superare le sfide. Sfruttando il potere della visualizzazione e coltivando l'auto-motivazione, possiamo potenziare le nostre performance di vendita e raggiungere il successo desiderato.

Riveste anche un ruolo cruciale nel diventare un venditore consapevole e raggiungere l'eccellenza nella vendita la pratica della consapevolezza nel contesto delle interazioni con i clienti. Essere consapevoli durante le interazioni con i clienti significa essere presenti nel momento presente, ascoltare attentamente e comprendere le esigenze del cliente in modo autentico.

Spesso, siamo inclini a pensare al passato o al futuro, preoccupandoci dei risultati o dei possibili ostacoli. Tuttavia, quando siamo pienamente consapevoli, possiamo sintonizzarci sulle esigenze del cliente e sulle opportunità presenti, senza distrazioni o giudizi. Questo ci consente di creare connessioni autentiche e di rispondere in modo efficace alle richieste del cliente.

Un aspetto chiave della pratica della consapevolezza è l'ascolto attivo. Quando siamo consapevoli, siamo in grado di ascoltare davvero il cliente, senza interruzioni o preconcetti. Mettiamo da parte le nostre opinioni e ci concentriamo sulla comprensione delle sue esigenze, desideri e preoccupazioni. L'ascolto attivo ci permette di rispondere in modo appropriato, fornendo soluzioni personalizzate e costruendo relazioni di fiducia con i clienti.

Essere consapevoli ci consente anche di comprendere le dinamiche delle interazioni con i clienti. Possiamo osservare le nostre reazioni emotive, i nostri pensieri e le nostre parole, e valutare se stiamo comunicando in modo efficace e coerente. La consapevolezza ci aiuta a riconoscere e gestire lo stress e le emozioni negative che possono influire sulle nostre interazioni con i clienti. Ci consente di regolare le nostre risposte emotive, mantenendo la calma e rispondendo in modo costruttivo anche in situazioni complesse.

Inoltre, la pratica della consapevolezza ci permette di cogliere le opportunità di apprendimento e crescita durante le interazioni con i clienti. Ogni interazione è un'occasione per acquisire nuove conoscenze e abilità. Essere consapevoli ci permette di riflettere sulle nostre azioni e di valutare cosa ha funzionato bene e cosa può essere migliorato. Questa consapevolezza ci aiuta a sviluppare una mentalità di miglioramento continuo e a crescere come venditori.

La consapevolezza si può praticare attraverso diverse tecniche, come la meditazione, il respiro consapevole o l'osservazione dei propri pensieri ed emozioni. Anche l'auto-riflessione e la revisione delle interazioni con i clienti possono essere metodi efficaci per sviluppare la consapevolezza.

La consapevolezza ci aiuta anche a gestire lo stress, a riconoscere le opportunità di apprendimento e a sviluppare una mentalità di miglioramento continuo

Capitolo 2: La Psicologia dell'Acquirente: comprendere e influenzare il comportamento del cliente.

I fattori psicologici che influenzano le decisioni d'acquisto sono di fondamentale importanza per i venditori consapevoli che desiderano comprendere e influenzare il comportamento del cliente. La psicologia dell'acquirente rivela gli aspetti emotivi, cognitivi e sociali che guidano le scelte di acquisto, consentendo ai venditori di adottare strategie mirate e efficaci.

Uno dei principali fattori psicologici che influenzano le decisioni d'acquisto è l'emotività. Gli acquirenti sono spesso guidati da emozioni come la gioia, il desiderio, la paura o l'ansia. Le emozioni possono scatenare reazioni immediate che influenzano le scelte di acquisto. Ad esempio, un prodotto o un servizio che evoca sentimenti positivi può essere più attraente per un acquirente. I venditori consapevoli sanno come sfruttare le emozioni positive e creare un'esperienza d'acquisto coinvolgente per influenzare le decisioni dei clienti.

Un altro fattore psicologico rilevante è la percezione. Le persone percepiscono la realtà in base ai loro filtri mentali e alle esperienze passate. Le percezioni dei clienti influenzano la loro valutazione dei prodotti, dei prezzi, dei marchi e delle esperienze di acquisto. I venditori consapevoli comprendono l'importanza della gestione della percezione e si sforzano di creare un'immagine positiva del loro prodotto o servizio, comunicando i benefici e il valore in modo chiaro e convincente.

La cognizione svolge un ruolo cruciale nelle decisioni d'acquisto. Gli acquirenti cercano informazioni, valutano alternative e fanno confronti prima di prendere una decisione. I venditori consapevoli forniscono informazioni accurate, pertinenti e convincenti che aiutano i clienti a prendere decisioni informate. Comprendono anche l'importanza della semplificazione del processo decisionale, riducendo l'incertezza e offrendo soluzioni chiare e facili da comprendere.

Il fattore sociale è un altro elemento chiave nella psicologia dell'acquirente. Le persone tendono a essere influenzate dalle opinioni e dai comportamenti degli altri. Le recensioni, le testimonianze e le raccomandazioni hanno un impatto significativo sulle decisioni d'acquisto. I venditori consapevoli sfruttano l'influenza sociale creando relazioni positive con i clienti, stimolando il passaparola positivo e utilizzando strategie di marketing basate sulla fiducia e sulla reputazione.

Inoltre, la motivazione gioca un ruolo importante nelle decisioni d'acquisto. Le persone sono motivate da bisogni e desideri che possono essere soddisfatti attraverso l'acquisto di un prodotto o servizio. I venditori consapevoli comprendono le motivazioni dei clienti e le collegano ai benefici offerti dal loro prodotto o servizio. Comunicano in modo efficace come il loro prodotto può soddisfare i bisogni del cliente e creare valore nella loro vita.

I fattori psicologici che influenzano le decisioni d'acquisto sono molteplici e complessi. I venditori consapevoli riconoscono l'importanza di comprendere questi fattori e di utilizzarli per influenzare positivamente il comportamento del cliente. Sfruttando l'emotività, la percezione, la cognizione, l'influenza sociale e la motivazione, i venditori consapevoli possono creare connessioni significative con i clienti, fornendo soluzioni mirate che soddisfano i loro bisogni e desideri.

L'importanza della conoscenza del cliente per creare relazioni di fiducia è fondamentale per i venditori consapevoli che desiderano influenzare positivamente il comportamento del cliente. La conoscenza del cliente consente di comprendere le sue esigenze, desideri, preferenze e aspettative, creando così una base solida per stabilire relazioni autentiche e durature.

La conoscenza del cliente inizia con la raccolta di informazioni pertinenti. I venditori consapevoli si impegnano a conoscere i loro clienti a fondo, utilizzando diverse fonti di informazione come interviste, questionari, analisi dei dati e monitoraggio delle interazioni precedenti. Queste informazioni forniscono una panoramica approfondita del cliente, consentendo al venditore di personalizzare l'approccio e di offrire soluzioni specifiche che soddisfano le sue esigenze.

Creare relazioni di fiducia richiede un'empatia autentica. I venditori consapevoli dimostrano un vero interesse per il cliente, ascoltando attentamente e mostrando comprensione e sensibilità verso le sue sfide e necessità. Questa capacità di mettersi nei panni del cliente crea un legame emotivo e costruisce fiducia reciproca. I venditori consapevoli si sforzano di creare un ambiente di apertura e di rispetto, in cui il cliente si sente ascoltato, compreso e valorizzato.

La conoscenza del cliente consente ai venditori consapevoli di offrire un servizio personalizzato. Comprendendo le preferenze e le aspettative del cliente, possono adattare le loro offerte e le loro strategie di vendita in modo da soddisfare le sue esigenze specifiche. Questo approccio personalizzato dimostra l'impegno del venditore nei confronti del cliente e contribuisce a consolidare la relazione di fiducia.

Un altro aspetto importante della conoscenza del cliente è l'anticipazione dei bisogni. I venditori consapevoli sono in grado di prevedere i bisogni futuri del cliente in base alla loro comprensione delle sue preferenze e dei suoi modelli di acquisto. Questo consente loro di suggerire proattivamente soluzioni e prodotti che potrebbero essere rilevanti per il cliente, dimostrando attenzione e professionalità. L'anticipazione dei bisogni contribuisce a creare un'esperienza di acquisto personalizzata e soddisfacente per il cliente.

La conoscenza del cliente non è statica, ma continua a evolversi nel tempo. I venditori consapevoli si impegnano a mantenere aggiornate le informazioni sul cliente, monitorando i cambiamenti nelle sue esigenze e nel suo comportamento di acquisto. Questo richiede una comunicazione aperta e una relazione di lungo termine con il cliente, in cui vengono coltivati legami di fiducia e trasparenza.

Nel processo di vendita, identificare anche i bisogni e le motivazioni dell'acquirente è rilevante per i venditori consapevoli che desiderano comprendere e influenzare positivamente il comportamento del cliente. Attraverso l'utilizzo di apposite tecniche, i venditori possono ottenere una visione approfondita delle necessità del cliente e fornire soluzioni che soddisfino tali bisogni in modo efficace.

Una delle tecniche più utilizzate per identificare i bisogni dell'acquirente è l'ascolto attivo. I venditori consapevoli dedicano tempo ed energia a comprendere appieno le sfide, i desideri e le aspettative del cliente. Durante l'interazione, pongono domande aperte e pertinenti che incoraggiano il cliente a esprimersi in modo approfondito. L'ascolto attivo consente ai venditori di raccogliere informazioni preziose e di cogliere gli elementi chiave che guidano le decisioni d'acquisto del cliente.

Un'altra tecnica efficace per identificare i bisogni dell'acquirente è l'osservazione. I venditori consapevoli sono attenti ai segnali non verbali e alle espressioni del cliente durante l'interazione. L'osservazione può rivelare dettagli significativi sulle preferenze, i desideri e le preoccupazioni del cliente. Ad esempio, il linguaggio del corpo, le espressioni facciali e i gesti possono fornire indizi sul livello di interesse o di insoddisfazione del cliente. I venditori consapevoli sono abili nell'interpretare questi segnali e nel fornire risposte adeguate per soddisfare le esigenze del cliente.

La tecnica della domanda mirata è un'altra strategia efficace per identificare i bisogni dell'acquirente. I venditori consapevoli formulano domande specifiche e mirate che aiutano il cliente a riflettere sui propri bisogni e a esprimere le sue priorità. Ad esempio, potrebbero chiedere al cliente quali sono i suoi obiettivi principali, quali sfide sta affrontando o quali sono i suoi criteri di valutazione nell'acquisto di un prodotto o servizio. Le risposte alle domande mirate consentono ai venditori di comprendere meglio i bisogni specifici del cliente e di offrire soluzioni personalizzate.

Un'altra tecnica utile per identificare i bisogni dell'acquirente è la condivisione di esperienze simili. I venditori consapevoli possono citare esempi di clienti con situazioni simili e di come sono stati in grado di soddisfare le loro esigenze. Questo approccio crea un senso di familiarità e fiducia nel cliente, che si sentirà compreso e considerato. Inoltre, la condivisione di esperienze simili può aiutare il cliente a riflettere sulle proprie necessità e a identificare soluzioni che potrebbero essere adatte anche a lui.

Infine, i venditori consapevoli sfruttano anche le tecnologie e gli strumenti disponibili per identificare i bisogni dell'acquirente. L'analisi dei dati, ad esempio, consente di raccogliere informazioni dettagliate sul comportamento di acquisto del cliente, le sue preferenze e i suoi modelli di consumo. Queste informazioni possono essere utilizzate per personalizzare l'approccio di vendita e offrire soluzioni rilevanti.

Questo approccio crea una connessione significativa con il cliente e aumenta le probabilità di successo nella vendita.

Anche gli effetti dell'emozione e della razionalità nel processo di acquisto sono elementi chiave da comprendere per i venditori consapevoli che desiderano influenzare positivamente il comportamento del cliente. Le decisioni d'acquisto sono spesso guidate da una combinazione di fattori emotivi e razionali, e saper riconoscere e gestire entrambi può fare la differenza nel successo delle vendite.

Le emozioni giocano un ruolo significativo nel processo decisionale degli acquirenti. Le persone tendono ad agire sulla base delle emozioni e poi giustificano razionalmente le loro scelte. I venditori consapevoli comprendono che le emozioni possono essere un potente stimolo per l'acquisto. Utilizzano strategie mirate per suscitare emozioni positive nei clienti, come la gioia, l'entusiasmo, la fiducia o il senso di appartenenza. Ad esempio, possono creare un'atmosfera positiva durante l'interazione, utilizzare storie coinvolgenti o mettere in evidenza i benefici emotivi che il prodotto o il servizio può offrire.

Tuttavia, è importante notare che le emozioni non sono l'unico fattore che influenza il processo di acquisto. La razionalità gioca un ruolo altrettanto importante, specialmente quando si tratta di decisioni di spesa più importanti o di lungo termine. I venditori consapevoli forniscono ai clienti informazioni razionali e basate sui fatti per supportare le loro scelte. Questo può includere dati statistici, testimonianze di clienti soddisfatti, confronti di prodotti o analisi dettagliate dei benefici e dei vantaggi offerti. Presentare argomenti razionali consente ai clienti di valutare oggettivamente le opzioni e prendere decisioni informate.

La chiave per influenzare positivamente il comportamento del cliente è trovare un equilibrio tra emozione e razionalità. I venditori consapevoli sanno che emozioni e ragionamento sono interconnessi e si influenzano reciprocamente. Pertanto, integrano entrambi gli aspetti nel loro approccio di vendita. Creano un collegamento emotivo con il cliente attraverso la comprensione delle sue esigenze e dei suoi desideri, suscitando emozioni positive durante l'interazione. Allo stesso tempo, forniscono informazioni razionali che sostengono la decisione d'acquisto e confermano che la scelta è giustificata e vantaggiosa.

È importante sottolineare che gli effetti dell'emozione e della razionalità possono variare a seconda del tipo di prodotto o servizio offerto. In alcune situazioni, le emozioni possono essere il fattore predominante, come nell'acquisto di articoli di lusso o di prodotti che soddisfano un bisogno emotivo specifico. In altri casi, come nelle decisioni di acquisto più razionali come l'acquisto di un'automobile o di un immobile, la razionalità può essere più determinante.

Gli effetti dell'emozione e della razionalità sono dunque entrambi importanti nel processo di acquisto. I venditori consapevoli sanno come utilizzare l'emozione per creare un collegamento significativo con il cliente e la razionalità per supportare le decisioni d'acquisto. Comprendere come equilibrare questi due aspetti permette loro di influenzare positivamente il comportamento del cliente e di raggiungere il successo nella vendita.

Adattare il proprio approccio alle diverse personalità dei clienti è un'altra caratteristica da sviluppare per creare relazioni di fiducia e influenzare positivamente il loro comportamento d'acquisto. Ogni individuo ha un modo unico di percepire e rispondere agli stimoli, e i venditori consapevoli sanno che una strategia unica non si adatta a tutti. Pertanto, sviluppare la capacità di adattarsi alle diverse personalità dei clienti è una competenza preziosa.

Una delle strategie chiave per adattare l'approccio di vendita alle diverse personalità è quella di riconoscere i diversi stili comunicativi. Alcuni clienti preferiscono un approccio più diretto e assertivo, mentre altri potrebbero apprezzare un approccio più cordiale e rilassato. I venditori consapevoli imparano a leggere i segnali non verbali del cliente, come il tono della voce e il linguaggio del corpo, per adattare il proprio stile di comunicazione di conseguenza. Questo crea un'armonia e una connessione più profonda con il cliente.

Un altro aspetto importante nell'adattamento all'approccio delle diverse personalità dei clienti è l'empatia. La capacità di mettersi nei panni del cliente, comprendere le sue esigenze, desideri e preoccupazioni, è fondamentale per fornire una soluzione personalizzata. I venditori consapevoli praticano l'ascolto attivo, facendo domande mirate e dimostrando interesse genuino per i clienti. Questo permette loro di comprendere meglio le esigenze dei clienti e di adattare la propria proposta di vendita in modo efficace.

Inoltre, i venditori consapevoli si adattano alle diverse personalità dei clienti anche nella gestione delle obiezioni. Alcuni clienti possono essere più scettici e richiedere ulteriori informazioni o prove, mentre altri possono essere più impulsivi e desiderare decisioni rapide. I venditori consapevoli sono in grado di riconoscere le diverse reazioni e rispondere di conseguenza. Sono preparati a fornire argomenti razionali e dati per rassicurare i clienti scettici, o a presentare offerte speciali e vantaggi immediati per soddisfare i clienti più impulsivi.

Infine, l'utilizzo delle tecniche di negoziazione adeguate alle diverse personalità dei clienti è un altro aspetto importante. Alcuni clienti possono preferire una negoziazione più collaborativa e basata sulla reciproca soddisfazione, mentre altri potrebbero essere più orientati verso la competitività. I venditori consapevoli adottano strategie di negoziazione flessibili, in grado di soddisfare le esigenze dei diversi clienti, mantenendo al contempo l'obiettivo comune di una transazione vantaggiosa per entrambe le parti.

In conclusione, adattare l'approccio alle diverse personalità dei clienti richiede flessibilità, empatia e un'attenta osservazione. I venditori consapevoli comprendono che ogni cliente è un individuo unico con specifiche preferenze e modelli comportamentali. Adottare strategie di comunicazione, empatia, gestione delle obiezioni e negoziazione adatte alle diverse personalità dei clienti permette ai venditori di creare relazioni di fiducia durature e di influenzare positivamente il comportamento d'acquisto. Questa abilità si traduce in una maggiore efficacia nelle vendite e nel raggiungimento di risultati straordinari.

Capitolo 3: Comunicazione Persuasiva: utilizzare il linguaggio e la presentazione per influenzare positivamente

La comunicazione chiara e persuasiva svolge un ruolo fondamentale nel successo delle vendite. Quando un venditore riesce a comunicare in modo efficace e persuasivo, ha maggiori possibilità di influenzare positivamente il cliente e di ottenere risultati significativi. L'importanza di una comunicazione di qualità nella vendita risiede nella capacità di trasmettere informazioni in modo chiaro, coinvolgente e convincente.

Innanzitutto, la chiarezza nella comunicazione è essenziale per garantire che il messaggio del venditore sia comprensibile per il cliente. Utilizzare un linguaggio semplice, evitando termini tecnici o complessi, consente di evitare confusione e fraintendimenti. Quando il cliente capisce chiaramente cosa viene offerto e quali benefici può ottenere, si sentirà più incline a prendere decisioni d'acquisto.

La persuasione è un elemento cruciale della comunicazione efficace. Un venditore consapevole deve essere in grado di presentare argomenti convincenti che suscitino l'interesse e la fiducia del cliente. Ciò implica la capacità di sottolineare i vantaggi e i punti di forza del prodotto o del servizio in modo accattivante. La persuasione si basa anche sulla comprensione dei bisogni e dei desideri del cliente, e sulla capacità di collegare la propria offerta a tali aspetti.

Un'altra componente importante della comunicazione persuasiva è l'abilità di coinvolgere il cliente attraverso una presentazione efficace. La presentazione dovrebbe essere strutturata in modo logico e coerente, guidando il cliente attraverso i punti chiave e lasciando spazio per domande e approfondimenti. Utilizzare storie, esempi concreti o testimonianze di clienti soddisfatti può rendere la presentazione più coinvolgente e facilitare l'assimilazione delle informazioni da parte del cliente.

La comunicazione persuasiva richiede anche la capacità di ascoltare attivamente il cliente. Non si tratta solo di trasmettere il proprio messaggio, ma anche di comprendere le esigenze, i desideri e le preoccupazioni del cliente. Un venditore consapevole dedica tempo ed energie all'ascolto, facendo domande mirate e dimostrando interesse genuino. Questo non solo crea un rapporto di fiducia, ma consente anche al venditore di adattare la propria offerta in base alle specifiche esigenze del cliente.

La comunicazione persuasiva include anche l'utilizzo di elementi visivi e non verbali. La presentazione di materiale visivo come grafici, immagini o video può facilitare la comprensione e rendere il messaggio più memorabile. Inoltre, il linguaggio del corpo, l'espressione facciale e la gestualità possono sottolineare l'entusiasmo e la fiducia del venditore, trasmettendo un'immagine positiva e coinvolgente.

In conclusione, la comunicazione di qualità richiede la chiarezza del linguaggio, la persuasione attraverso argomenti convincenti, una presentazione coinvolgente, un ascolto attivo e l'utilizzo di elementi visivi e non verbali. I venditori consapevoli sviluppano e affinano queste competenze per massimizzare le proprie performance di vendita e raggiungere il successo.

Anche le tecniche di storytelling sono un potente strumento per coinvolgere emotivamente il cliente e influenzare positivamente le decisioni d'acquisto.

Il racconto di storie è una pratica antica e universale che cattura l'attenzione, crea connessione e stimola l'immaginazione. Attraverso il potere delle narrazioni, i venditori possono trasmettere in modo efficace il valore del proprio prodotto o servizio e creare un legame emotivo con il cliente.

Una delle ragioni per cui lo storytelling è così efficace è che coinvolge sia il cervello emotivo che quello razionale del cliente. Le emozioni sono potenti motivatori dell'azione e influenzano le decisioni d'acquisto più di quanto spesso si creda. Raccontare storie che suscitano emozioni positive, come felicità, gioia, sorpresa o gratitudine, può creare un'associazione positiva con il prodotto o il servizio offerto. Ad esempio, una storia di successo di un cliente che ha ottenuto grandi risultati utilizzando il prodotto può ispirare fiducia nel potenziale acquirente.

Le tecniche di storytelling includono la creazione di personaggi coinvolgenti e identificabili, il delineare una trama che segue un arco narrativo e l'uso di descrizioni vivide e dettagliate. I venditori possono utilizzare il potere delle parole per dipingere immagini mentali che permettono al cliente di visualizzare il proprio prodotto o servizio nel contesto della loro vita o del loro business. Questo coinvolgimento emotivo rende il messaggio più memorabile e crea un'esperienza sensoriale che va oltre i semplici dati o caratteristiche del prodotto.

Un altro aspetto importante delle tecniche di storytelling è l'abilità di trasmettere un senso di autenticità. Le storie autentiche e personali sono spesso le più coinvolgenti perché suscitano empatia e connessione con il cliente. Raccontare una storia personale che illustra come il venditore ha affrontato una sfida o ha tratto beneficio dall'utilizzo del prodotto può aiutare a stabilire una connessione umana e a costruire fiducia.

Inoltre, le tecniche di storytelling possono essere utilizzate per dimostrare il valore del prodotto o servizio in modo più tangibile. Ad esempio, invece di elencare le caratteristiche tecniche di un prodotto, un venditore può raccontare una storia che mostra come quel prodotto ha risolto un problema specifico per un cliente. Questo approccio rende il messaggio più concreto e rilevante per il cliente, che può identificarsi con la situazione descritta.

È importante sottolineare che lo storytelling non deve essere manipolativo o ingannevole. La fiducia è un elemento cruciale nelle vendite, e il racconto di storie dovrebbe essere sempre basato sulla verità e sostenuto da evidenze concrete. Le storie devono essere utilizzate come strumento per creare una connessione autentica con il cliente, fornendo informazioni rilevanti e utili.

Le tecniche di storytelling sono perciò un'importante risorsa per i venditori consapevoli che desiderano coinvolgere emotivamente i clienti e influenzare positivamente le decisioni d'acquisto. Il potere delle storie nel creare connessioni emotive, fornire esempi concreti e dimostrare il valore del prodotto o servizio è inestimabile. Utilizzando il linguaggio e la presentazione in modo efficace, i venditori possono trasformare una semplice transazione commerciale in un'esperienza coinvolgente che porta a risultati di vendita soddisfacenti per entrambe le parti.

Utilizzare un linguaggio positivo e assertivo è un altro aspetto importante per creare un impatto duraturo durante le interazioni di vendita. Il modo in cui comunichiamo con i clienti può influenzare profondamente la percezione che essi hanno di noi, del nostro prodotto o servizio e della nostra azienda nel suo complesso. Una comunicazione efficace richiede l'uso di parole e toni che trasmettano fiducia, professionalità e positività.

Le parole che utilizziamo possono influenzare il modo in cui i clienti percepiscono ciò che stiamo offrendo. Utilizzare un linguaggio positivo significa evitare parole o frasi che trasmettano dubbi, incertezze o negatività. Ad esempio, invece di dire "Potrebbe funzionare" si può dire "Sono sicuro che funzionerà" o invece di dire "Non possiamo garantire risultati" si può dire "Abbiamo una comprovata storia di successo nel fornire risultati tangibili".

Inoltre, l'assertività è essenziale per una comunicazione persuasiva. Essere assertivi significa esprimere le proprie idee, opinioni e richieste in modo chiaro, diretto e rispettoso. Questo stile di comunicazione trasmette fiducia e autorevolezza, dimostrando al cliente che siamo sicuri e competenti nel nostro settore. L'assertività implica anche la capacità di esprimere e difendere i propri punti di vista, senza essere aggressivi o passivi. Si tratta di trovare il giusto equilibrio tra essere persuasivi e rispettosi delle opinioni e dei bisogni del cliente.

Oltre al linguaggio verbale, il linguaggio non verbale gioca un ruolo fondamentale nella comunicazione persuasiva. Gesti, espressioni facciali, postura e contatto visivo possono trasmettere fiducia, apertura e interesse verso il cliente. Mantenere un contatto visivo diretto, sorridere in modo autentico e utilizzare gesti appropriati possono creare un'atmosfera positiva e di fiducia durante l'interazione di vendita.

Infatti, nel contesto della vendita, la comunicazione non verbale riveste un ruolo fondamentale nel trasmettere fiducia e sicurezza ai clienti. Oltre alle parole che diciamo, il nostro corpo, i gesti, le espressioni facciali e il tono della voce comunicano informazioni importanti che possono influenzare la percezione del cliente nei nostri confronti e nel prodotto o servizio che stiamo vendendo. Sfruttare consapevolmente la comunicazione non verbale può fare la differenza nella creazione di un'interazione positiva e nella chiusura di una vendita.

Il primo aspetto chiave della comunicazione non verbale è la postura e la presenza fisica. Mantenere una postura eretta e aperta trasmette un senso di fiducia e sicurezza. D'altra parte, una postura chiusa o debole può far apparire il venditore poco sicuro e poco convincente. Mantenere un contatto visivo diretto con il cliente è altrettanto importante. Lo sguardo diretto e sincero comunica interesse e attenzione, dimostrando al cliente che siamo presenti e impegnati nella conversazione.

I gesti e le espressioni facciali sono un altro strumento potente per comunicare fiducia e sicurezza. Gestire in modo consapevole i nostri gesti può enfatizzare i punti chiave e sottolineare l'importanza delle informazioni che stiamo condividendo. Gesti aperti e ampi possono trasmettere una sensazione di apertura e fiducia. Al contrario, gesti nervosi o eccessivamente frenetici possono far sembrare il venditore ansioso o poco sicuro. Le espressioni facciali devono essere coerenti con il messaggio che stiamo comunicando. Sorridere in modo autentico e appropriato può contribuire a creare un'atmosfera positiva e a far sentire il cliente a proprio agio.

Oltre ai gesti e alle espressioni facciali, il tono della voce è un elemento fondamentale della comunicazione non verbale. Un tono di voce sicuro, calmo e assertivo può trasmettere fiducia e competenza. Evitare un tono monotono o troppo veloce, che può dare l'impressione di mancanza di interesse o nervosismo. Utilizzare pause e variazioni nel tono può contribuire a creare un'esperienza di ascolto più coinvolgente e attenta.

Infine, l'adattamento della comunicazione non verbale al cliente è cruciale. Ogni persona ha il proprio stile di comunicazione non verbale e può essere influenzata da diversi fattori culturali o personali. Osservare attentamente il cliente e adattarsi al suo stile può creare un'atmosfera di sintonia e facilitare una migliore comprensione reciproca. Tuttavia, è importante farlo in modo genuino e naturale, evitando di apparire forzati o poco autentici.

Dunque, sfruttare consapevolmente la comunicazione non verbale è un elemento essenziale per trasmettere fiducia e sicurezza durante le interazioni di vendita. Una postura sicura, gesti e espressioni facciali coerenti, un tono di voce calmo e assertivo e la capacità di adattarsi al cliente possono contribuire a creare una connessione positiva e ad influenzare positivamente il comportamento del cliente. Integrando la comunicazione non verbale con una comunicazione verbale persuasiva e chiara, i venditori consapevoli possono migliorare le proprie performance di vendita e ottenere risultati straordinari.

Un altro aspetto rilevante è quello di adattare lo stile di comunicazione alle preferenze e al linguaggio del cliente per influenzare positivamente le interazioni di vendita. Ogni individuo ha il proprio modo di comunicare e le proprie preferenze linguistiche, e il venditore consapevole sa come adattarsi a queste peculiarità al fine di creare una connessione più profonda e influenzare in modo efficace il cliente.

Inoltre, il venditore consapevole si impegna a utilizzare un linguaggio che sia familiare al cliente. Questo significa evitare l'uso di termini tecnici o jargon che potrebbero risultare confusi o distanti per il cliente. Invece, si preferisce utilizzare un linguaggio semplice, chiaro e comprensibile, adattandosi al livello di conoscenza e competenza del cliente. Questo crea una comunicazione fluida e facilita la comprensione delle informazioni cruciali legate al prodotto o al servizio offerto.

Un altro aspetto importante è l'adattamento dello stile comunicativo al cliente. Alcuni clienti preferiscono una comunicazione diretta e concisa, mentre altri potrebbero apprezzare un approccio più amichevole e informale. Il venditore consapevole è in grado di cogliere queste preferenze e di adattare il proprio stile di comunicazione di conseguenza. Questo permette di creare un ambiente confortevole e di instaurare un rapporto di fiducia con il cliente, facilitando così l'influenza persuasiva.

In conclusione, adattare lo stile di comunicazione alle preferenze e al linguaggio del cliente è essenziale per influenzare positivamente il processo di vendita. Il venditore consapevole sviluppa la capacità di ascolto attivo, utilizza un linguaggio comprensibile e familiare, si adatta allo stile comunicativo del cliente e tiene conto del linguaggio non verbale. Questa abilità di adattamento consente di creare una connessione più profonda e autentica con il cliente, aumentando così le possibilità di influenzare positivamente le sue decisioni d'acquisto e di raggiungere risultati di eccellenza nella vendita.

Capitolo 4: Creare rapport e connessione: costruire relazioni autentiche con i clienti.

La fiducia è il fondamento su cui si costruiscono relazioni autentiche e durature, e rappresenta la base su cui si sviluppa ogni interazione positiva tra venditore e cliente.

Ma perché è così importante instaurare un rapporto di fiducia? La risposta è semplice: la fiducia è il collante che tiene insieme la relazione di vendita. Quando i clienti confidano nel venditore e si sentono sicuri nel fare affari con lui, sono più propensi ad aprirsi, a condividere le loro esigenze e aspettative, e a considerare le soluzioni proposte con maggiore serietà.

Instaurare la fiducia richiede impegno e autenticità da parte del venditore. È necessario mostrarsi genuini, trasparenti e professionali, dimostrando una profonda comprensione dei bisogni e dei desideri del cliente. Inoltre, è essenziale rispettare gli impegni presi e consegnare ciò che viene promesso, in modo da consolidare la fiducia nel tempo.

La costruzione della fiducia richiede tempo e pazienza. È un processo che si sviluppa nel corso delle interazioni, attraverso la consistenza delle azioni e la dimostrazione di valore. Il venditore consapevole comprende che la fiducia non si guadagna con una singola mossa, ma si costruisce gradualmente, giorno dopo giorno.

Per instaurare un rapporto di fiducia solido, è importante essere autentici e onesti. I clienti apprezzano la sincerità e la trasparenza, e quando percepiscono che il venditore è disposto a condividere anche le sfide e le limitazioni, si sentono più coinvolti e co-creatori del processo di vendita.

La fiducia è anche un fattore chiave per affrontare eventuali obiezioni o resistenze da parte del cliente. Quando il venditore ha instaurato un rapporto di fiducia solido, il cliente è più propenso ad aprire la mente, ad accettare suggerimenti e a superare le preoccupazioni che potrebbero ostacolare il processo di vendita.

L'importanza di instaurare un rapporto di fiducia con i clienti non può essere dunque sottovalutata. La fiducia è il fondamento su cui si basa ogni relazione di successo nel mondo delle vendite. Attraverso la sincerità, la trasparenza, l'ascolto attivo e l'impegno nel consegnare valore, il venditore consapevole costruisce un legame autentico con il cliente, che si traduce in risultati duraturi e soddisfacenti.

Il venditore consapevole comprende l'importanza di instaurare una connessione emotiva e di creare un ambiente di fiducia in cui il cliente si senta a suo agio nel condividere le proprie esigenze, desideri e preoccupazioni. Ciò permette al venditore di comprendere meglio il cliente e di offrire soluzioni personalizzate. Di seguito sono riportate alcune tecniche efficaci per creare un'atmosfera di apertura e ascolto attivo.

Innanzitutto, il venditore consapevole mostra un interesse autentico per il cliente. Questo va al di là del semplice interesse verso la vendita, ma implica un vero interesse per la persona di fronte a loro. Il venditore si concentra sulle esigenze del cliente, pone domande pertinenti e cerca di capire la sua situazione, dimostrando empatia e rispetto. Questo atteggiamento genuino crea un clima di apertura in cui il cliente si sente ascoltato e valorizzato.

Una tecnica efficace per creare un'atmosfera di apertura è l'utilizzo di domande aperte. Le domande aperte stimolano il cliente a rispondere in modo dettagliato, incoraggiandolo a esprimere i suoi pensieri, sentimenti e bisogni. Questo permette al venditore di ottenere informazioni più approfondite e di mostrare un reale interesse per il cliente. Ad esempio, invece di chiedere "Hai bisogno di aiuto?", il venditore consapevole potrebbe chiedere "Quali sono le principali sfide che stai affrontando attualmente nel tuo settore?".

Un altro modo per creare un'atmosfera di apertura è mostrare rispetto per le opinioni e le idee del cliente. Anche se il venditore può avere una conoscenza approfondita del prodotto o del servizio offerto, è importante evitare di essere condiscendenti o di ignorare le opinioni del cliente. Il venditore consapevole valorizza l'esperienza e le conoscenze del cliente e cerca di trovare un terreno comune su cui costruire la relazione.

Questo approccio favorisce la comprensione del cliente, permette al venditore di offrire soluzioni personalizzate e contribuisce a raggiungere risultati di eccellenza nella vendita.

Il venditore consapevole riconosce che ogni cliente è un individuo unico con esigenze, desideri e preoccupazioni specifiche. Per comprendere appieno queste necessità, il venditore deve sviluppare empatia e mettersi veramente nei panni del cliente.

Per iniziare, il venditore consapevole adotta una mentalità di apertura e curiosità nei confronti del cliente. Si sforza di comprendere non solo ciò che il cliente cerca di acquistare, ma anche le motivazioni profonde che si celano dietro le sue esigenze.

Un'altra strategia importante per sviluppare empatia è la pratica della prospettiva del cliente. Il venditore consapevole si pone nel contesto del cliente e cerca di vedere il mondo attraverso i suoi occhi. Questo implica considerare le sue esperienze, le sfide che affronta e le sue priorità. In questo modo, il venditore è in grado di adattare la propria offerta in base alle specifiche esigenze del cliente, offrendo soluzioni che rispondono direttamente ai suoi bisogni.

In conclusione, lo sviluppo di empatia e comprensione per le esigenze del cliente è un elemento chiave nella costruzione di relazioni autentiche nel processo di vendita. Il venditore consapevole si impegna a comprendere il cliente a un livello profondo, utilizzando domande mirate, adottando una prospettiva empatica e utilizzando una comunicazione efficace. Questa capacità di mettersi nei panni del cliente consente al venditore di offrire soluzioni personalizzate e di creare un legame di fiducia e connessione duraturo con il cliente.

Anche porre domande strategiche è un'abilità fondamentale per il venditore consapevole che desidera creare un rapporto autentico e ottenere informazioni utili durante il processo di vendita. Le domande ben poste possono rivelare aspetti cruciali sulla situazione, le esigenze e i desideri del cliente, consentendo al venditore di offrire soluzioni mirate e personalizzate. Vediamo quindi come le domande strategiche possono essere utilizzate per approfondire la relazione con il cliente e ottenere informazioni preziose.

Innanzitutto, il venditore consapevole pone domande aperte che incoraggiano il cliente a esprimersi liberamente. Queste domande non possono essere risposte con un semplice "sì" o "no", ma richiedono una risposta più dettagliata. Questo tipo di domanda aperta stimola una conversazione più approfondita e consente al venditore di comprendere meglio le esigenze del cliente.

Un'altra tecnica è l'uso delle domande di approfondimento. Queste domande mirano a ottenere informazioni più dettagliate sulle affermazioni o sulle opinioni espresse dal cliente.

Ad esempio, se il cliente afferma di essere interessato a migliorare l'efficienza del suo processo produttivo, il venditore potrebbe chiedere: "Puoi fornirmi ulteriori dettagli su come funziona attualmente il tuo processo produttivo e in che modo desideri migliorarlo?". Questo incoraggia il cliente a esplorare meglio la propria situazione e permette al venditore di offrire soluzioni più specifiche e mirate.

Le domande affermative possono anche essere utilizzate per confermare la comprensione e creare un senso di fiducia reciproca. Ad esempio, il venditore potrebbe dire: "Mi sembra di aver capito che la vostra principale preoccupazione sia ridurre i costi di produzione. È corretto?". Questa domanda affermativa dà al cliente l'opportunità di confermare o correggere la comprensione del venditore, creando un dialogo aperto e una maggiore fiducia reciproca.

Le domande sul futuro sono un altro strumento potente per approfondire la relazione con il cliente. Queste domande inducono il cliente a immaginare come potrebbero migliorare la propria situazione e quali risultati desiderano ottenere. Ad esempio, il venditore potrebbe chiedere: "Dove ti vedi tra un anno dopo aver implementato questa soluzione?

Quali benefici ti aspetti di ottenere?". Queste domande incoraggiano il cliente a visualizzare il successo e consentono al venditore di allineare le proprie proposte alle aspirazioni e alle necessità del cliente.

Infine, il venditore consapevole utilizza le domande di feedback per valutare la soddisfazione del cliente e ottenere informazioni utili per migliorare il proprio servizio. Ad esempio, alla fine di una vendita, il venditore potrebbe chiedere: "Come valuteresti l'esperienza complessiva di lavorare con noi? C'è qualcosa che avremmo potuto fare meglio?". Questo dimostra al cliente che il venditore è interessato al suo feedback e desidera migliorare continuamente per soddisfare le sue esigenze.

L'utilizzo, dunque, di domande strategiche è uno strumento essenziale per il venditore consapevole che desidera creare un'atmosfera di apertura e ascolto attivo con il cliente. Le domande aperte, di approfondimento, affermative, sul futuro e di feedback consentono di ottenere informazioni preziose, comprendere meglio le esigenze del cliente e costruire una relazione autentica basata sulla fiducia reciproca. Il venditore consapevole sa che porre le domande giuste al momento giusto può fare la differenza nel raggiungere il successo nella vendita e nel soddisfare appieno i bisogni del cliente.

Anche la dimostrazione di autenticità e genuinità nel processo di vendita è importante per costruire relazioni autentiche e durature con i clienti. Nel contesto delle vendite, l'autenticità si riferisce alla capacità di essere veri, sinceri e coerenti con se stessi, mentre la genuinità riguarda la volontà di agire nel migliore interesse del cliente senza secondi fini. Quando un venditore si impegna a essere autentico e genuino, crea un ambiente di fiducia reciproca che favorisce il rapporto con il cliente e promuove risultati positivi a lungo termine. Ecco alcuni modi in cui un venditore può dimostrare autenticità e genuinità nel processo di vendita:

- Essere se stessi. Essere autentici significa essere fedeli a se stessi e non cercare di fingere o impersonare qualcun altro. I venditori consapevoli si concentrano su ciò che li rende unici e mettono in evidenza i propri punti di forza senza cercare di apparire diversi da come sono realmente. Essi sono aperti nel comunicare le proprie esperienze, valori e motivazioni, creando così un legame autentico con il cliente.

- Mostrare empatia. L'empatia è la capacità di comprendere e condividere le emozioni e le prospettive del cliente. Un venditore genuino ascolta attentamente e cerca di mettersi nei panni del cliente per capire le sue esigenze e preoccupazioni. Questo atteggiamento empatico crea una connessione emotiva e dimostra al cliente che il venditore si interessa veramente a lui e alla sua situazione.

- Essere trasparenti. La trasparenza è fondamentale per dimostrare autenticità. I venditori consapevoli sono aperti riguardo ai prodotti o servizi che offrono, alle politiche aziendali e alle eventuali limitazioni. Essi evitano di nascondere informazioni o di creare aspettative irrealistiche, preferendo fornire una visione chiara e onesta delle possibilità offerte al cliente. Questo aiuta a costruire un rapporto di fiducia e a evitare frustrazioni future.

- Fornire valore. Un venditore genuino si preoccupa sinceramente del successo del cliente. Si concentra sulla creazione di valore e sul soddisfare le esigenze del cliente anziché limitarsi a perseguire il proprio interesse finanziario. Questo comportamento dimostra al cliente che il venditore è sinceramente interessato a trovare la soluzione migliore per lui, creando così una connessione basata sulla reciproca beneficenza.

- Rispettare i confini. Un venditore autentico rispetta i confini del cliente. Riconosce che ogni cliente ha le proprie esigenze, tempi e preferenze e si adatta di conseguenza. Questo comportamento dimostra rispetto e considerazione per il cliente come individuo unico e contribuisce a creare un ambiente di vendita confortevole e piacevole.

Il venditore consapevole comprende l'importanza di questi elementi e li integra nel proprio approccio alla vendita, ottenendo così risultati di successo e costruendo relazioni di lunga durata con i clienti.

Capitolo 5: Gestione delle Obiezioni: affrontare le resistenze e trasformarle in opportunità

Le obiezioni rappresentano le resistenze o le preoccupazioni espresse dai clienti che possono ostacolare la conclusione di una vendita. Tuttavia, il venditore consapevole sa che le obiezioni possono essere affrontate in modo efficace e trasformate in opportunità per costruire una relazione di fiducia e ottenere una vendita di successo. Ecco come capire le diverse tipologie di obiezioni e come affrontarle in modo efficace:

- Identificare le obiezioni comuni. Un venditore consapevole è preparato ad affrontare le obiezioni più comuni che possono emergere durante il processo di vendita. Queste possono riguardare il prezzo, la qualità del prodotto o servizio, le tempistiche di consegna, le specifiche tecniche, le garanzie o qualsiasi altra preoccupazione che il cliente potrebbe avere. Identificare queste obiezioni comuni consente al venditore di preparare risposte appropriate in anticipo.

- Ascoltare attivamente. Quando un cliente esprime un'obiezione, è importante ascoltare attentamente e dimostrare interesse genuino per le sue preoccupazioni. Un venditore consapevole pone domande per approfondire e comprendere meglio le ragioni dietro l'obiezione. L'ascolto attivo consente di creare un ambiente di fiducia e apertura, e dimostra al cliente che le sue preoccupazioni sono prese sul serio. Rispondere in modo chiaro e argomentato. Una volta che l'obiezione è stata identificata e compresa, il venditore consapevole risponde in modo chiaro e argomentato. Utilizza dati concreti, testimonianze o esempi per supportare le proprie risposte e mostrare al cliente che le sue preoccupazioni sono state prese in considerazione. Inoltre, il venditore sottolinea i benefici e il valore del prodotto o servizio offerto, mettendo in luce come esso possa soddisfare le esigenze specifiche del cliente.

- Riformulare l'obiezione in una domanda. Una tecnica efficace per affrontare le obiezioni è riformularle in una domanda che favorisca una riflessione da parte del cliente. Ad esempio, se l'obiezione riguarda il prezzo elevato, il venditore potrebbe chiedere: "Può spiegarmi quali sarebbero i benefici che otterrebbe con questo prodotto?" Questo aiuta il cliente a focalizzarsi sui vantaggi anziché sul costo e può aprire la porta a una conversazione più costruttiva.

- Offrire alternative e soluzioni. Se l'obiezione sembra essere legittima, il venditore consapevole cerca di offrire alternative o soluzioni che possano rispondere alle preoccupazioni del cliente. Questo può includere pacchetti personalizzati, sconti, garanzie estese o servizi aggiuntivi. L'obiettivo è trovare un compromesso che soddisfi entrambe le parti e consenta di superare l'ostacolo verso la conclusione della vendita.

- Chiudere la vendita. Una volta che le obiezioni sono state affrontate in modo efficace e le preoccupazioni del cliente sono state dissipate, il venditore consapevole conclude la vendita in modo assertivo. Utilizza tecniche di chiusura appropriata, come l'uso di domande che portano a una decisione o l'offerta di incentivi aggiuntivi per confermare l'acquisto.

Affrontare le obiezioni in modo efficace richiede pratica e padronanza delle tecniche di vendita. Un venditore consapevole è in grado di trasformare le obiezioni in opportunità, costruendo una relazione di fiducia con il cliente e ottenendo risultati di successo nella vendita. Quando un cliente solleva delle obiezioni o degli ostacoli all'acquisto, è fondamentale per il venditore consapevole essere preparato a rispondere in modo efficace, offrendo argomenti convincenti e soluzioni personalizzate. Ecco alcune strategie per rispondere alle obiezioni dei clienti:

- Affrontare le obiezioni con fiducia e sicurezza. Il venditore consapevole affronta le obiezioni con fiducia e sicurezza, dimostrando al cliente che ha piena conoscenza del prodotto o servizio offerto. Questo richiede una preparazione adeguata e una conoscenza approfondita delle caratteristiche, dei vantaggi e delle risposte alle obiezioni comuni. La sicurezza e la competenza del venditore consapevole possono contribuire a superare le preoccupazioni del cliente e a instaurare fiducia.

- Dimostrare testimonianze e casi di successo. Un modo efficace per rispondere alle obiezioni dei clienti è presentare testimonianze o casi di successo di altri clienti che hanno affrontato le stesse preoccupazioni e hanno ottenuto risultati positivi. Le testimonianze possono essere un potente strumento persuasivo, in quanto mostrano al cliente che altre persone hanno ottenuto benefici e risolto problemi simili grazie al prodotto o servizio offerto.

Il venditore consapevole sa che ogni obiezione è un'opportunità per creare un dialogo costruttivo con il cliente, comprendere meglio le sue esigenze e trovare la soluzione migliore. In questo modo, le obiezioni diventano un punto di partenza per costruire una relazione di fiducia e trasformare le resistenze in opportunità di vendita.

Come appena menzionato le testimonianze e i casi di successo sono strumenti potenti che il venditore consapevole può utilizzare per creare fiducia e convincere i clienti indecisi.

Ecco come il venditore consapevole può utilizzare testimonianze e casi di successo in modo efficace:

- Identificare testimonianze rilevanti. Il venditore consapevole raccoglie testimonianze da clienti soddisfatti che hanno ottenuto risultati positivi utilizzando il prodotto o il servizio offerto. È importante selezionare testimonianze che siano rilevanti per il cliente specifico e che affrontino le sue preoccupazioni o obiezioni specifiche. Ad esempio, se un cliente è preoccupato per la qualità del prodotto, il venditore consapevole può presentare una testimonianza di un cliente che ha sperimentato risultati eccezionali e ha elogiato la qualità del prodotto.

- Narrare i casi di successo in modo coinvolgente. Il venditore consapevole sa che raccontare una storia coinvolgente può suscitare l'interesse e l'attenzione del cliente. Pertanto, invece di elencare semplicemente i fatti, il venditore consapevole crea un racconto che descrive la situazione iniziale del cliente, le sfide affrontate e i risultati ottenuti grazie all'utilizzo del prodotto o del servizio. Questo coinvolge emotivamente il cliente e dimostra l'efficacia della soluzione proposta.

- Utilizzare testimonianze autentiche e verificabili. È fondamentale che le testimonianze siano autentiche e verificabili. Il venditore consapevole ottiene il consenso del cliente che ha fornito la testimonianza e, se possibile, può persino offrire di metterlo in contatto con il potenziale cliente per fornire ulteriori dettagli. L'uso di testimonianze reali e verificabili aumenta la credibilità e la fiducia del cliente nel prodotto o servizio.

- Evidenziare benefici e risultati specifici. Quando si utilizzano testimonianze e casi di successo, il venditore consapevole si concentra sui benefici specifici che i clienti hanno ottenuto. Ad esempio, anziché dire genericamente che il prodotto ha migliorato la produttività, il venditore consapevole può citare una testimonianza di un cliente che ha visto un aumento del 30% nella produttività dopo aver utilizzato il prodotto. Questi dati tangibili rendono i risultati più concreti e convincenti per il cliente.

- Adattare le testimonianze al cliente specifico. Il venditore consapevole adatta le testimonianze al cliente specifico e alle sue esigenze. Se il cliente ha preoccupazioni particolari o obiezioni specifiche, il venditore consapevole può utilizzare testimonianze che affrontano quelle preoccupazioni in modo specifico. In questo modo, il cliente può identificarsi con altri clienti che hanno affrontato situazioni simili e hanno ottenuto risultati positivi.

L'utilizzo di testimonianze e casi di successo è un modo efficace per superare le resistenze del cliente e costruire fiducia. Il venditore consapevole sa come selezionare testimonianze rilevanti, narrarle in modo coinvolgente, utilizzare dati tangibili e adattare le testimonianze alle esigenze specifiche del cliente. Questa strategia aiuta a dimostrare che il prodotto o il servizio offerto ha generato risultati positivi per altre persone, aumentando così la fiducia del cliente e favorendo la conclusione della vendita.

Capitolo 6: Tecniche di Chiusura Efficaci: guidare il cliente verso l'acquisto con fiducia

La fase di chiusura in una trattativa di vendita è un momento cruciale e determinante per il successo dell'intero processo. È il momento in cui il venditore consapevole guida il cliente verso l'acquisto, convincendolo a prendere una decisione positiva. L'importanza di una chiusura strategica e ben pianificata non può essere sottovalutata, poiché può fare la differenza tra un affare concluso e una vendita persa.

Una chiusura efficace richiede una combinazione di competenze, strategie e attenzione ai dettagli. Innanzitutto, il venditore deve essere in grado di riconoscere i segnali di disponibilità da parte del cliente, come l'interesse, la fiducia e l'entusiasmo. Questi segnali possono manifestarsi attraverso domande specifiche, richieste di approfondimento o manifestazioni di apprezzamento per il prodotto o il servizio offerto.

Una volta identificati questi segnali, il venditore deve essere pronto a coglierli e a sfruttarli a proprio vantaggio. Questo significa utilizzare una varietà di tecniche di chiusura, adattandole alla situazione e al cliente specifico. Alcune tecniche comuni includono:

- la "chiusura dell'alternativa", in cui il venditore presenta due opzioni vantaggiose per il cliente, spingendolo a fare una scelta;
- la "chiusura dell'urgenza", in cui si sottolinea la necessità di agire rapidamente per sfruttare un'opportunità limitata nel tempo;
- la "chiusura del compromesso", in cui si negoziano condizioni vantaggiose per entrambe le parti.

Un'altra componente cruciale di una chiusura efficace è la gestione delle obiezioni dell'acquirente che abbiamo già visto nel capitolo precedente. È probabile che il cliente sollevi delle preoccupazioni o ponga delle domande prima di prendere una decisione finale. Il venditore consapevole deve essere preparato a gestire queste obiezioni in modo professionale, rassicurando il cliente, fornendo informazioni pertinenti e offrendo soluzioni che superino le sue preoccupazioni. La capacità di superare le obiezioni in modo convincente e persuasivo è fondamentale per portare a termine la vendita.

Inoltre, una chiusura strategica richiede una pianificazione attenta. Il venditore deve avere una chiara comprensione degli obiettivi di vendita e delle modalità per raggiungerli. È importante preparare domande di chiusura, scenari ipotetici e risposte alle obiezioni comuni in anticipo, in modo da essere pronti a gestire qualsiasi situazione che si presenti durante la trattativa.

Infine, l'atteggiamento mentale del venditore durante la chiusura è di fondamentale importanza. Una mentalità fiduciosa, positiva e orientata al successo influenzerà la sua comunicazione non verbale e la sua capacità di trasmettere fiducia al cliente. La sicurezza e la convinzione nel proprio prodotto o servizio sono contagiose.

Un senso di urgenza inoltre è un potente motore per spingere il cliente verso l'acquisto, poiché gli conferisce un motivo convincente per prendere una decisione immediata.

Ci sono alcune tecniche che il venditore consapevole può utilizzare per creare un senso di urgenza e stimolare l'azione del cliente:

1. Offerte a tempo limitato: Il venditore consapevole può presentare al cliente un'offerta speciale con una scadenza ben definita. Questo crea un senso di urgenza poiché il cliente sa che l'opportunità di ottenere l'offerta a condizioni vantaggiose è limitata nel tempo. Ad esempio, il venditore può proporre uno sconto o un regalo aggiuntivo per gli acquisti effettuati entro una data specifica.

2. Quantità limitate: Se il prodotto o il servizio ha una quantità limitata, il venditore consapevole può evidenziare questo fatto per stimolare l'azione del cliente. Sapere che il prodotto è disponibile solo in un numero limitato di pezzi può spingere il cliente a decidere più velocemente per evitare di perdere l'opportunità.

3. Scadenza di un'offerta speciale: Se il prodotto o il servizio è parte di una promozione o di un pacchetto speciale, il venditore consapevole può indicare una scadenza per l'offerta. Questo motiva il cliente a prendere una decisione

rapida per approfittare dei vantaggi dell'offerta speciale prima che scada.

4. Risolvere problemi immediati: Il venditore consapevole può evidenziare come il prodotto o il servizio può risolvere un problema urgente o soddisfare un bisogno immediato del cliente. Questo crea un senso di urgenza intrinseco, poiché il cliente desidera risolvere il problema senza indugi.

5. Dimostrazioni in tempo limitato: Se possibile, il venditore consapevole può offrire al cliente una dimostrazione o una prova del prodotto o del servizio per un periodo limitato. Questo permette al cliente di sperimentare i benefici in modo tangibile e lo spinge a prendere una decisione di acquisto più rapida.

6. Testimonianze di altri clienti: Il venditore consapevole può condividere testimonianze di altri clienti che hanno già fatto un acquisto simile e hanno ottenuto risultati positivi. Questo dimostra al cliente che l'acquisto è una decisione valida e può stimolare un senso di

urgenza basato sulle esperienze positive degli altri.

In conclusione, creare un senso di urgenza e stimolare l'azione da parte del cliente è fondamentale per una chiusura efficace. Il venditore consapevole utilizza offerte a tempo limitato, quantità limitate, scadenze di offerte speciali, risoluzione di problemi immediati, dimostrazioni in tempo limitato, testimonianze di altri clienti e incentivi per premiare la tempestività del cliente e spingerlo verso l'acquisto. Queste tecniche aiutano a creare una motivazione forte nel cliente per prendere una decisione immediata, favorendo così una chiusura positiva e soddisfacente per entrambe le parti coinvolte.

Anche le domande chiuse e alternative sono potenti strumenti che il venditore consapevole utilizza per guidare il cliente attraverso il processo decisionale e favorire una risposta positiva.

Ecco come il venditore consapevole utilizza domande chiuse e alternative per facilitare la decisione d'acquisto:

1. Focalizzare la scelta: le domande chiuse consentono al venditore di indirizzare la mente

del cliente verso scelte specifiche. Ad esempio, il venditore può chiedere al cliente se preferisce l'opzione A o l'opzione B, entrambe delle quali sono vantaggiose per il cliente. Questa tecnica aiuta il cliente a concentrarsi su una decisione limitata e facilita la scelta finale.

2. Guidare verso la risposta desiderata: le domande chiuse possono essere formulate in modo da indurre una risposta specifica, orientando il cliente verso l'opzione che si desidera favorire. Ad esempio, il venditore potrebbe chiedere: "Preferisci ricevere il prodotto entro 3 giorni o entro una settimana?" In questo modo, il venditore offre due opzioni accettabili, ma guida il cliente verso la risposta desiderata.

3. Sfruttare le domande alternative: Le domande alternative offrono al cliente più opzioni tra cui scegliere. Questo dà al cliente un senso di controllo sulla decisione e può aumentare il suo coinvolgimento nel processo di acquisto. Ad esempio, il venditore può chiedere: "Preferisci l'opzione A, l'opzione B o l'opzione C?" In questo modo, il cliente ha la possibilità di selezionare l'opzione che meglio si adatta alle sue esigenze.

4. Confermare l'accordo: durante la chiusura, il venditore consapevole utilizza domande chiuse

per confermare l'accordo con il cliente. Ad esempio, il venditore potrebbe chiedere: "Quindi possiamo procedere con l'ordine?", "Vuoi che il prodotto sia spedito all'indirizzo X?", o "Concordi con le condizioni del contratto?". Queste domande chiuse cercano un consenso definitivo e rafforzano l'impegno del cliente all'acquisto.

5. Rimuovere indecisione e ambiguità: le domande chiuse e alternative aiutano a ridurre l'ambiguità e l'incertezza che possono ostacolare la decisione d'acquisto. Poiché offrono opzioni chiare e specifiche, aiutano il cliente a superare l'indecisione e ad avere una visione più chiara delle scelte a disposizione.

6. Utilizzare domande chiuse in combinazione con domande aperte: Mentre le domande chiuse sono utili per facilitare la decisione d'acquisto, il venditore consapevole utilizza anche domande aperte per incoraggiare il cliente a esprimere i propri pensieri e preoccupazioni. Le domande aperte aiutano il venditore a ottenere informazioni preziose sulle esigenze e i desideri del cliente, consentendo di adattare l'approccio e le soluzioni proposte in modo più efficace.

In conclusione, l'utilizzo di domande chiuse e alternative è una tecnica potente e strategica che il venditore consapevole utilizza per facilitare la decisione d'acquisto. Queste domande focalizzano la scelta, guidano il cliente verso la risposta desiderata, offrono più opzioni, confermano l'accordo e rimuovono indecisione e ambiguità. Inoltre, il venditore consapevole combina le domande chiuse con domande aperte per ottenere una comprensione più approfondita delle esigenze del cliente.

Questo approccio consapevole e ben strutturato favorisce una chiusura positiva e soddisfacente per il cliente e il venditore, consolidando la relazione e aumentando le probabilità

Infine, mostrare gratitudine per il tempo e l'attenzione del cliente può consolidare la relazione e favorire una chiusura positiva e soddisfacente per entrambe le parti coinvolte. Il venditore consapevole comprende che affrontare le resistenze con rispetto e professionalità è fondamentale per ottenere risultati di vendita duraturi e costruire relazioni autentiche con i clienti.

Capitolo 7: Vendita Consultiva: offrire soluzioni personalizzate e creare valore per il cliente

Per il venditore consapevole è importante adottare un approccio consulenziale, mettendo al centro le esigenze del cliente e lavorando per creare una relazione di lungo termine basata sulla fiducia reciproca.

Il venditore consapevole si pone come un consulente esperto e non solo come un venditore che cerca di chiudere una vendita. Questo approccio cambia radicalmente la dinamica dell'interazione con il cliente, trasmettendo l'idea che l'obiettivo principale sia aiutare il cliente a risolvere i suoi problemi e raggiungere i suoi obiettivi.

Il venditore consapevole utilizza anche l'ascolto attivo e l'analisi delle esigenze del cliente per creare una proposta personalizzata che soddisfi le specifiche necessità del cliente. Questo significa fornire soluzioni su misura che risolvano i suoi problemi e aggiungano valore al suo business.

Il venditore consapevole si concentra sulla creazione di valore per il cliente piuttosto che sulla semplice vendita di un prodotto o servizio. Questo implica comprendere come il prodotto o servizio possa migliorare l'efficienza, la produttività o il profitto del cliente e comunicare questi benefici in modo chiaro e convincente.

Il venditore consapevole fornisce al cliente tutte le informazioni e l'educazione necessarie per prendere decisioni informate. Questo può includere spiegazioni tecniche, dimostrazioni pratiche e condivisione di casi di successo di altri clienti. L'obiettivo è far sì che il cliente si senta sicuro e fiducioso riguardo all'acquisto.

Il venditore consapevole lavora costantemente per costruire una relazione di fiducia con il cliente. Questo comporta essere onesti, trasparenti e affidabili in tutte le interazioni. Una relazione solida e basata sulla fiducia consolida la partnership e porta a una collaborazione di lungo termine.

Il venditore consapevole non conclude mai la relazione con il cliente dopo la vendita. Al contrario, offre un supporto continuo e un servizio clienti di alto livello. Mantenendo una comunicazione costante con il cliente e offrendo assistenza nel corso del tempo, il venditore consapevole dimostra l'impegno verso il successo del cliente.

Il venditore consapevole si adatta alle mutevoli esigenze e sfide del cliente, offrendo soluzioni e supporto in linea con le nuove situazioni. Questa capacità di adattamento è fondamentale per mantenere una relazione di partnership a lungo termine.

In conclusione, l'approccio orientato alla consulenza è una strategia vincente per il venditore consapevole. Passando da una vendita transazionale a una relazione di partnership, il venditore consapevole dimostra di essere un consulente affidabile e competente che si impegna a creare valore per il cliente. L'ascolto attivo, l'analisi delle esigenze del cliente, la creazione di proposte personalizzate e l'offerta di un supporto continuo sono elementi chiave di questo approccio consulenziale. Il venditore consapevole lavora costantemente per costruire una relazione di fiducia con il cliente, adattandosi alle sue esigenze mutevoli e offrendo soluzioni innovative.

Questo approccio non solo porta a una maggiore probabilità di vendita, ma anche a una collaborazione duratura e vantaggiosa per entrambe le parti coinvolte.

Quando un venditore consapevole si avvicina a un cliente, è ben preparato con una profonda conoscenza del settore in cui opera. Questo implica essere al corrente delle ultime tendenze, sviluppi e innovazioni nel settore. La sua expertise gli consente di comprendere meglio le esigenze specifiche del cliente e di offrire soluzioni che siano veramente in linea con le sfide che il cliente sta affrontando.

La conoscenza del settore è essenziale perché consente al venditore consapevole di parlare il linguaggio del cliente e di comprendere le sue preoccupazioni e bisogni. Questo crea un senso di fiducia e rispetto da parte del cliente, poiché percepisce che sta interagendo con un professionista informato e competente.

Un venditore consapevole utilizza la sua conoscenza del settore per anticipare le esigenze del cliente e offrire suggerimenti e consigli proattivi. Questo significa essere in grado di suggerire soluzioni che il cliente potrebbe non aver considerato inizialmente, ma che si rivelano preziose e rilevanti per la sua situazione specifica.

Ad esempio, se il cliente è coinvolto nel settore tecnologico, un venditore consapevole potrebbe suggerire l'implementazione di una soluzione innovativa che aumenti l'efficienza e la produttività dell'azienda. Oppure, se il cliente opera nel settore dell'assistenza sanitaria, il venditore consapevole potrebbe offrire soluzioni che migliorano l'esperienza del paziente e ottimizzano i processi interni.

La conoscenza del settore e l'expertise permettono anche al venditore consapevole di rispondere alle domande del cliente in modo esauriente e convincente. Quando il cliente percepisce che il venditore ha una profonda comprensione delle sue esigenze e dei dettagli del settore, si sentirà più a suo agio nel prendere decisioni informate.

Inoltre, la conoscenza del settore consente al venditore consapevole di offrire un servizio di consulenza più ampio, oltre alla vendita del prodotto o servizio. Potrebbe fornire analisi approfondite, dati statistici o ricerche di mercato che supportino la sua proposta e dimostrino l'efficacia della soluzione offerta.

Da parte sua, il venditore consapevole è costantemente aggiornato sulle novità del settore e continua a migliorare la sua expertise attraverso la formazione e lo studio costante. Questo dimostra al cliente che è un professionista impegnato a fornire le migliori soluzioni e che è sempre pronto ad affrontare nuove sfide e opportunità.

In conclusione, l'utilizzo della conoscenza del settore e dell'expertise è un elemento fondamentale della vendita consultiva praticata dal venditore consapevole. Questa competenza gli permette di fornire consigli e suggerimenti preziosi al cliente, anticipare le sue esigenze e offrire soluzioni su misura che siano veramente utili e rilevanti. La conoscenza del settore crea una relazione di fiducia con il cliente, che apprezza il fatto di essere guidato da un professionista informato e competente. Il venditore consapevole si impegna costantemente a migliorare la sua expertise per offrire un servizio di consulenza di alto livello e creare valore aggiunto per il cliente.

Il venditore consapevole si concentra sulla presentazione dei benefici che i prodotti o servizi offerti apportano al cliente. Questi benefici vanno oltre le caratteristiche tecniche e mettono in evidenza l'effettivo impatto positivo che il cliente otterrà utilizzando la soluzione proposta. Spiega come il prodotto o servizio può risolvere i problemi del cliente, migliorare l'efficienza operativa o contribuire al raggiungimento dei suoi obiettivi aziendali.

Il valore aggiunto viene anche dimostrato attraverso l'offerta di prove concrete, come risultati di test, certificazioni o dati statistici che supportino le affermazioni del venditore riguardo all'efficacia della soluzione offerta. Queste prove aumentano la fiducia del cliente nelle promesse fatte dal venditore e ne consolidano la credibilità.

Il venditore consapevole è anche in grado di mostrare il ritorno sull'investimento (ROI) che il cliente otterrà dalla sua scelta di acquistare il prodotto o servizio. Attraverso un'analisi dettagliata dei costi e dei benefici a lungo termine, il venditore dimostra come l'acquisto sia un investimento vantaggioso che contribuirà al successo e alla crescita del cliente.

Inoltre, il venditore consapevole personalizza le presentazioni e le proposte per il cliente specifico, mettendo in luce i vantaggi che risuonano di più con le sue esigenze e i suoi obiettivi. Questo dimostra al cliente che il venditore comprende veramente le sue necessità e sta offrendo una soluzione adatta al suo contesto specifico.

La trasparenza è un altro elemento chiave nell'evidenziare il valore aggiunto. Il venditore consapevole è onesto riguardo alle limitazioni dei prodotti o servizi offerti e illustra al cliente sia i vantaggi che le eventuali sfide che potrebbe affrontare utilizzando la soluzione proposta.

Infine, per rafforzare il valore offerto, il venditore consapevole fornisce un supporto post-vendita e garanzie che dimostrano il suo impegno a garantire la soddisfazione e il successo continuo del cliente con la soluzione fornita.

In conclusione, dimostrare il valore aggiunto dei prodotti o servizi offerti è un elemento cruciale nella vendita consultiva praticata dal venditore consapevole. Questo richiede una comprensione approfondita delle esigenze del cliente, una focalizzazione sui benefici, l'utilizzo di prove concrete e la personalizzazione delle proposte. Il venditore consapevole è trasparente e orientato a costruire una relazione di lungo termine basata sulla fiducia reciproca e sulla fornitura di soluzioni che apportino un valore significativo al cliente. Il valore aggiunto è ciò che trasforma una vendita transazionale in una relazione di partnership di alto valore.

Dopo aver offerto una soluzione personalizzata per le esigenze del cliente e aver dimostrato il valore aggiunto dei prodotti o servizi proposti, il venditore consapevole non si limita a concludere la vendita. Invece, è proattivo nell'aiutare il cliente a implementare la soluzione in modo efficace ed efficiente.

Il venditore consapevole collabora con il cliente per sviluppare un piano di implementazione personalizzato, adattato alle sue esigenze specifiche e ai suoi obiettivi. Questo piano definisce chiaramente le tappe e le azioni necessarie per adottare la soluzione, nonché le responsabilità delle diverse parti coinvolte.

Durante questa fase, il venditore consapevole agisce come un consulente fidato, guidando il cliente attraverso il processo di implementazione e fornendo le risorse necessarie per affrontare eventuali sfide. Il venditore si assicura che il cliente abbia tutte le informazioni e le competenze necessarie per utilizzare la soluzione in modo efficace.

Il piano di implementazione personalizzato può includere sessioni di formazione per il personale del cliente, supporto tecnico, risorse informative e sessioni di follow-up per verificare i progressi e apportare eventuali miglioramenti. Il venditore consapevole è disponibile per rispondere alle domande e fornire assistenza durante tutto il processo di implementazione.

Oltre a garantire una corretta implementazione iniziale, il venditore consapevole è orientato al successo a lungo termine del cliente. Monitora costantemente l'andamento e i risultati ottenuti grazie alla soluzione fornita e si impegna a identificare ulteriori opportunità di miglioramento e crescita.

Il venditore consapevole mantiene una comunicazione aperta e costante con il cliente, raccogliendo il suo feedback e adattando la soluzione se necessario. Questo atteggiamento proattivo consente al venditore di mantenere una relazione di fiducia con il cliente e di essere considerato un partner prezioso nel raggiungimento dei suoi obiettivi.

Inoltre, il venditore consapevole è sempre aggiornato sulle tendenze del settore e sulle nuove opportunità che potrebbero essere rilevanti per il cliente. Questa conoscenza gli consente di suggerire proattivamente nuove soluzioni o funzionalità che potrebbero aiutare il cliente a rimanere competitivo e ottenere un vantaggio nel suo mercato di riferimento.

Capitolo 8: Gestione del tempo e organizzazione: ottimizzare la produttività e massimizzare i risultati

Nell'ambito della vendita consapevole, la gestione del tempo è cruciale per massimizzare l'efficienza e ottenere risultati significativi.

Infatti, un venditore consapevole riconosce che il tempo è uno dei suoi asset più preziosi. La sua giornata è popolata da molte attività, ma è consapevole che alcune sono più cruciali di altre per il raggiungimento degli obiettivi di vendita. Prima di iniziare la giornata lavorativa, il venditore consapevole dedica del tempo per riflettere sulle sue priorità.

Il processo inizia identificando le attività che hanno il maggiore impatto sui risultati desiderati. Queste possono includere il follow-up con clienti chiave, la preparazione per le presentazioni importanti, la ricerca su nuovi potenziali clienti o lo sviluppo di strategie per chiudere le opportunità esistenti. Il venditore consapevole si pone obiettivi chiari e specifici per queste attività, rendendo più facile misurare il progresso.

Definire obiettivi chiari offre una guida durante la giornata. Il venditore consapevole comprende che ogni azione dovrebbe essere allineata con questi obiettivi. Questo approccio impedisce la dispersione dell'energia su compiti meno significativi e consente di mantenere la concentrazione sulle attività che contribuiscono direttamente al successo nella vendita.

Un altro aspetto cruciale è la flessibilità. Nonostante la pianificazione attenta, il venditore consapevole è consapevole che possono emergere imprevisti o opportunità inaspettate. L'abilità di adattarsi in modo rapido ed efficiente è altrettanto importante quanto la pianificazione iniziale.

La consapevolezza del tempo include anche la gestione delle interruzioni e l'uso intelligente delle pause. Il venditore consapevole sa quando ha bisogno di staccare la spina per preservare l'efficacia a lungo termine. Questo potrebbe includere brevi pause per ricaricarsi o sessioni di riflessione per valutare la direzione delle attività.

Il venditore consapevole, dunque, mette in atto una pianificazione oculata e focalizzata. Questo approccio strategico al tempo non solo aumenta l'efficienza, ma contribuisce anche a una maggiore chiarezza mentale e al raggiungimento di obiettivi di vendita più significativi.

È importante anche stimare il tempo necessario per ciascuna delle attività quotidiane. La creazione di una lista di cose da fare, organizzata per priorità, fornisce una guida chiara durante la giornata.

Inoltre, il venditore consapevole sa sfruttare al massimo strumenti di pianificazione e gestione del tempo. Ciò potrebbe includere l'utilizzo di app e software dedicati, come calendari digitali o strumenti di gestione delle attività. Questi strumenti aiutano a organizzare gli impegni, impostare promemoria e garantire che nessuna opportunità o appuntamento importante venga trascurato.

La tecnica del "batching" è una pratica adottata dal venditore consapevole. Questa strategia prevede di raggruppare attività simili in blocchi di tempo dedicati. Ad esempio, invece di rispondere alle email sporadicamente durante la giornata, il venditore potrebbe pianificare periodi specifici per la gestione della posta elettronica. Questo riduce le interruzioni e consente di concentrarsi su una singola tipologia di compito alla volta, migliorando l'efficienza complessiva.

Un altro aspetto cruciale della gestione del tempo è la capacità di delegare. Il venditore consapevole riconosce che alcune attività possono essere meglio gestite da altri membri del team o da professionisti specializzati. Delegare responsabilità consente al venditore di concentrarsi sulle attività che richiedono la sua esperienza e attenzione personale.

La tecnica del "time blocking" è anch'essa utilizzata dal venditore consapevole. Questo metodo prevede di assegnare blocchi specifici di tempo a categorie di attività. Ad esempio, potrebbe riservare un blocco del mattino alle attività di prospezione e un blocco del pomeriggio alle presentazioni ai clienti. Questo aiuta a creare una struttura ben organizzata per la giornata e a massimizzare l'efficienza.

Come già anticipato un venditore consapevole riconosce che non tutte le attività richiedono la sua attenzione diretta. Alcuni compiti, sebbene importanti, possono essere svolti altrettanto bene o addirittura meglio da altri membri del team. Delegare queste responsabilità libera il venditore da dettagli operativi, consentendogli di concentrarsi su attività di maggiore valore che richiedono la sua competenza specifica.

La delega efficace richiede una comprensione chiara delle competenze individuali all'interno del team. Il venditore consapevole identifica le forze uniche di ciascun membro del team e assegna le attività in base a queste competenze. Ciò non solo garantisce un'elevata qualità nell'esecuzione dei compiti, ma stimola anche lo sviluppo e l'empowerment dei membri del team.

Oltre alla delega, l'automazione è una leva potente nelle mani del venditore consapevole. Esistono numerosi strumenti e software che possono automatizzare processi ripetitivi e time-consuming, consentendo al venditore di risparmiare tempo prezioso. Ad esempio, l'automazione delle attività di follow-up con i clienti o la gestione delle relazioni può liberare tempo per concentrarsi su interazioni più significative e strategiche.

Un aspetto cruciale dell'automazione è la sua capacità di ridurre gli errori umani. Mentre alcune attività possono essere noiose e suscettibili di errori quando svolte manualmente, l'automazione riduce notevolmente la probabilità di errori, garantendo la precisione e l'affidabilità delle operazioni.

La delega mirata e l'automazione intelligente consentono al venditore consapevole di ottimizzare il suo lavoro, garantendo che le attività essenziali e di maggior valore ricevano l'attenzione necessaria per massimizzare i risultati di vendita.

Anche la gestione delle interruzioni è una competenza cruciale per chiunque desideri massimizzare la propria produttività. Un venditore consapevole comprende che le interruzioni sono inevitabili, ma può imparare a gestirle in modo efficace. Un primo passo è identificare le fonti più comuni di interruzioni, che possono includere telefonate inattese, notifiche di email, richieste improvvisate da parte dei colleghi, e altro ancora.

Per fronteggiare queste interruzioni, il venditore consapevole può adottare una serie di strategie. Una di queste è la pianificazione di periodi di lavoro senza interruzioni, dove il focus è dedicato esclusivamente a compiti critici. Questi momenti possono essere programmati durante il giorno, consentendo al venditore di immergersi completamente nelle attività senza essere disturbato.

Inoltre, il controllo proattivo delle notifiche può essere fondamentale. Il venditore consapevole può impostare periodi specifici per rispondere alle email o alle chiamate, riducendo al minimo le distrazioni durante i momenti chiave di concentrazione.

La consapevolezza del proprio ambiente di lavoro è altrettanto importante. Il venditore può cercare di creare uno spazio di lavoro fisico e virtuale che favorisca la concentrazione, riducendo al minimo le distrazioni visive o sonore. L'utilizzo di cuffie per isolarsi acusticamente o la creazione di segnali visivi per indicare quando si è disponibili per interazioni sono solo alcune delle tante tattiche che possono essere impiegate.

Infine, il venditore consapevole sviluppa la capacità di gestire le distrazioni interne, come pensieri non correlati al lavoro che possono emergere durante le attività. Tecniche come la meditazione o il blocco mentale possono essere integrate nella routine giornaliera per migliorare la capacità di mantenere l'attenzione su compiti specifici.

D'altro canto, viviamo in un'era digitale in cui una vasta gamma di strumenti è a disposizione per semplificare i processi e migliorare l'efficienza. Un venditore consapevole riconosce il valore di adottare tali strumenti per affrontare le sfide quotidiane. L'uso di applicazioni di gestione del tempo, come calendari digitali e strumenti di pianificazione, può aiutare a organizzare le attività quotidiane e a garantire che nessun compito critico venga trascurato.

I software di automazione delle vendite sono particolarmente preziosi per il venditore consapevole. Questi strumenti possono automatizzare attività ripetitive, consentendo al venditore di concentrarsi su attività ad alto valore aggiunto, come la costruzione di relazioni con i clienti o la creazione di strategie di vendita personalizzate. I CRM (Customer Relationship Management) sono strumenti essenziali che consentono di tenere traccia delle interazioni con i clienti, gestire i lead e pianificare follow-up in modo organizzato.

La tecnologia può anche facilitare la comunicazione e la collaborazione. Piattaforme di comunicazione aziendale, come Slack o Microsoft Teams, consentono ai membri del team di condividere informazioni in modo rapido ed efficiente, riducendo la necessità di riunioni prolungate e migliorando la comunicazione interna.

Inoltre, il venditore consapevole può beneficiare dell'utilizzo di strumenti di analisi dei dati. Questi strumenti forniscono insight preziosi sulle prestazioni delle vendite, consentendo di valutare l'efficacia delle strategie adottate e di apportare eventuali miglioramenti.

Infine, l'adozione di dispositivi mobili consente al venditore consapevole di lavorare in modo flessibile, accedendo alle informazioni cruciali ovunque si trovi. Questa flessibilità è particolarmente preziosa in un ambiente di vendita dinamico.

Capitolo 9: Resilienza mentale: affrontare le sfide e mantenere alta la motivazione

Nel contesto della vendita, il venditore si trova spesso di fronte a una varietà di ostacoli, come rifiuti, perdite di vendite, o periodi di pressione intensa. La resilienza mentale diventa quindi un aspetto fondamentale per affrontare queste sfide con un atteggiamento positivo e la determinazione di imparare dalle difficoltà.

Comprendere il concetto di resilienza mentale implica riconoscere che gli ostacoli fanno parte integrante del percorso di vendita. Non si tratta solo di superare le difficoltà, ma di imparare da esse. La mentalità resiliente incoraggia a vedere gli insuccessi come opportunità di crescita e miglioramento, anziché come fallimenti insormontabili.

Il venditore consapevole sa che la resilienza mentale non è una caratteristica innata, ma piuttosto una capacità che può essere sviluppata e potenziata nel tempo. Ciò implica la consapevolezza delle proprie reazioni agli eventi stressanti, la gestione delle emozioni e la capacità di adattarsi in modo costruttivo alle circostanze.

Un venditore con una forte resilienza mentale può mantenere l'attenzione sugli obiettivi a lungo termine anche quando incontra ostacoli temporanei. Questa capacità di restare concentrati sulle proprie mete, nonostante le difficoltà, è fondamentale per superare le sfide della vendita e mantenere alta la motivazione nel lungo periodo.

Sviluppare la resilienza mentale non solo beneficia l'individuo, ma anche il team di vendita nel suo complesso. Un ambiente di lavoro che promuove la resilienza collettiva affronta meglio le sfide e mantiene un morale elevato anche durante i periodi più impegnativi.

La resilienza mentale è un elemento chiave per il successo nel settore delle vendite. Il venditore consapevole comprende l'importanza di sviluppare questa capacità per affrontare le sfide con determinazione, imparare dalle esperienze e mantenere alta la motivazione nel perseguire il successo a lungo termine.

Affrontare le sfide con una mentalità positiva non implica ignorare le difficoltà, bensì affrontarle con un atteggiamento che cerca soluzioni anziché concentrarsi sui problemi. Un venditore consapevole comprende che le difficoltà fanno parte integrante della professione e possono essere occasioni di crescita e miglioramento.

La mentalità positiva è una risorsa preziosa quando il venditore si trova ad affrontare rifiuti, obiezioni o periodi di vendite più lenti. Invece di percepire questi momenti come insuccessi personali, il venditore consapevole li vede come opportunità per riflettere, adattarsi e sviluppare nuove strategie.

Un approccio orientato alla soluzione implica anche la capacità di cercare il lato positivo nelle situazioni difficili. Ciò non significa negare la realtà, ma piuttosto concentrarsi su ciò che può essere fatto per superare gli ostacoli. Un venditore consapevole sa che mantenere un atteggiamento positivo può influenzare positivamente la percezione del cliente, contribuendo a costruire relazioni più solide.

La resilienza mentale è evidente quando il venditore, di fronte a una difficoltà, si pone domande come "Cosa posso imparare da questa situazione?" o "Quali azioni concrete posso intraprendere per superare questo ostacolo?". Questa capacità di focalizzarsi sulle soluzioni anziché sulle difficoltà stesse è fondamentale per mantenere alta la motivazione e continuare a progredire.

Inoltre, un atteggiamento positivo è contagioso e può influenzare positivamente l'ambiente di lavoro. Creare una cultura aziendale che valorizzi la resilienza e la proattività contribuisce a un team di vendita più forte e coeso.

Nel mondo delle vendite, spesso caratterizzato da ritmi frenetici, la gestione dello stress e l'equilibrio emotivo sono essenziali per mantenere prestazioni elevate e garantire il benessere a lungo termine.

Le situazioni stressanti sono inevitabili, ma un venditore consapevole sviluppa un set di tecniche per affrontarle in modo costruttivo. Una delle strategie principali è la consapevolezza del respiro. Praticare la respirazione consapevole durante momenti di tensione aiuta a ridurre lo stress e a ristabilire l'equilibrio emotivo. La respirazione profonda e controllata è una tecnica immediatamente accessibile che può essere eseguita discretamente in qualsiasi contesto.

Oltre alla consapevolezza del respiro, il venditore consapevole può adottare pratiche come la meditazione o il rilassamento muscolare progressivo. Queste tecniche hanno dimostrato di ridurre lo stress, migliorare la concentrazione e promuovere un senso generale di benessere.

La gestione del tempo è un altro aspetto chiave per gestire lo stress. Il venditore consapevole impara a identificare le priorità, pianificare in modo efficace e delegare compiti quando necessario. Questo non solo aiuta a evitare situazioni di sovraccarico, ma contribuisce anche a mantenere un equilibrio sano tra lavoro e vita personale.

Inoltre, l'attività fisica è un potente antistressore che non solo migliora la salute fisica, ma ha anche benefici significativi sulla salute mentale. Un breve allenamento o una passeggiata durante la pausa pranzo possono fare miracoli per alleviare la tensione accumulata durante la giornata lavorativa.

Infine, il supporto sociale è un elemento fondamentale per gestire lo stress. Un venditore consapevole sa quando chiedere aiuto o condividere le proprie preoccupazioni con colleghi o familiari. Creare una rete di supporto è essenziale per affrontare le sfide con una prospettiva positiva.

In conclusione, affrontare le sfide e le difficoltà con una mentalità positiva e orientata alla soluzione è un pilastro chiave del nono capitolo. Il venditore consapevole comprende che è possibile trarre insegnamenti dalle difficoltà, sviluppando così una mentalità che non solo supera gli ostacoli, ma li trasforma in opportunità di crescita e successo.

È fondamentale anche coltivare la motivazione intrinseca e l'auto-motivazione per superare gli ostacoli nel mondo delle vendite.

La motivazione intrinseca è il motore interno che spinge il venditore consapevole a perseguire i suoi obiettivi con passione e determinazione. Questo tipo di motivazione è alimentato da fattori interni come la soddisfazione personale, il desiderio di crescita e la connessione con il significato del proprio lavoro. Il venditore consapevole comprende che le sfide sono inevitabili, ma è la sua motivazione intrinseca che gli consente di affrontarle con resilienza.

La definizione chiara degli obiettivi personali e professionali è un passo cruciale per coltivare la motivazione intrinseca. Il venditore consapevole dedica del tempo a riflettere sui suoi valori e sulle sue aspirazioni, creando così una mappa chiara che lo guiderà attraverso le sfide della vendita. Questi obiettivi diventano una fonte continua di ispirazione e focus.

Inoltre, l'auto-motivazione è un elemento chiave. Il venditore consapevole non aspetta che qualcun altro lo ispiri; invece, sviluppa strategie personali per mantenere alta la sua motivazione. Ciò potrebbe includere routine quotidiane di ispirazione, la lettura di libri motivazionali o la partecipazione a eventi formativi. La ricerca costante di fonti che alimentino la sua passione è una pratica che contribuisce al suo costante sviluppo.

Affrontare le sfide con una mentalità positiva è un altro aspetto cruciale. Il venditore consapevole comprende che gli ostacoli sono parte integrante della strada verso il successo e li vede come opportunità di crescita anziché come impedimenti. Mantenere una prospettiva positiva durante i momenti difficili è un segno distintivo di un professionista della vendita resiliente.

La resilienza mentale nel contesto delle vendite non è solo una risposta alle sfide, ma una scelta consapevole di coltivare e alimentare la motivazione intrinseca e l'auto-motivazione. Questa è la base su cui il venditore consapevole costruisce il suo successo duraturo.

È importante sviluppare anche la capacità di auto-riflessione. Dopo un'esperienza negativa o una sconfitta, il venditore consapevole non cerca scuse o attribuzioni esterne; invece, si interroga criticamente su ciò che è successo. Analizza i suoi approcci, le strategie adottate e la gestione delle situazioni. Questa introspezione gli consente di identificare aree di miglioramento e di adattare la sua pratica per affrontare sfide simili in futuro.

L'apprendimento continuo è un pilastro fondamentale. Il venditore consapevole riconosce che il successo in un campo dinamico come le vendite richiede un impegno costante verso la crescita personale e professionale. Dopo una sconfitta, si impegna a imparare dalle circostanze. Questo può comportare la partecipazione a corsi di formazione, la lettura di libri pertinenti, o la ricerca di nuove tecniche e strategie di vendita. L'approccio del venditore consapevole è incentrato sul miglioramento continuo, incorporando gli insegnamenti derivati da ogni esperienza, positiva o negativa.

Inoltre, questo punto può sottolineare il valore di accettare la sconfitta come parte del percorso di crescita. Il venditore consapevole comprende che ogni sconfitta è un'opportunità di apprendimento e non una condanna. Questa prospettiva gli permette di affrontare le difficoltà con una mentalità costruttiva e di utilizzare l'auto-riflessione come trampolino per un successo futuro.

La pratica dell'auto-riflessione può includere la tenuta di un diario delle esperienze di vendita, dove il venditore consapevole annota le sfide, le strategie utilizzate e i risultati ottenuti. Questo diario funge da strumento di autovalutazione, consentendo al venditore consapevole di tracciare il suo progresso nel tempo e di regolarsi di conseguenza.

La resilienza mentale del venditore consapevole non solo implica la capacità di affrontare le sfide con determinazione, ma anche di imparare da queste esperienze attraverso una riflessione critica e un impegno continuo per l'apprendimento e la crescita personale e professionale.

Capitolo 10: Evoluzione continua: mantenere l'agilità e adattarsi alle nuove tendenze

Viviamo in un'epoca di rapida evoluzione, sia tecnologica che culturale. Le dinamiche di vendita e le preferenze dei consumatori cambiano costantemente. Il venditore consapevole riconosce che l'ignorare queste trasformazioni può portare a uno svantaggio competitivo. Pertanto, è essenziale investire tempo ed energie per rimanere aggiornati sulle nuove tendenze di vendita e di mercato.

Le nuove tecnologie sono spesso il catalizzatore di queste tendenze. Il venditore consapevole si impegna a comprendere e adottare gli strumenti tecnologici più recenti che possono migliorare la sua produttività e la sua efficienza. Questo può includere l'uso di piattaforme di intelligenza artificiale per analizzare dati di vendita, l'implementazione di software di gestione clienti avanzati, o l'adozione di nuovi canali di comunicazione e di vendita online.

Inoltre, il venditore consapevole è attento alle tendenze di mercato che possono influenzare il comportamento del consumatore. Questo potrebbe comprendere cambiamenti nelle preferenze dei consumatori, nuovi approcci di marketing, o sviluppi nell'ambito della sostenibilità e della responsabilità sociale delle aziende. Adattarsi a queste tendenze consente al venditore consapevole di soddisfare meglio le esigenze e le aspettative mutevoli dei clienti.

Un elemento chiave di questo approccio è la curiosità intellettuale e la volontà di imparare. Il venditore consapevole non vede mai l'apprendimento come un compito completato, ma come un processo continuo. Partecipare a corsi di formazione, leggere libri del settore, partecipare a conferenze e seguire esperti del settore sono tutte pratiche che aiutano il venditore consapevole a rimanere informato e aggiornato.

L'evoluzione continua è un requisito fondamentale per il successo a lungo termine nel campo delle vendite. Rimanere aggiornati sulle nuove tendenze di vendita e di mercato è più che un'abitudine, è un'imperativa strategia di adattamento che consente al venditore consapevole di prosperare in un ambiente commerciale in costante cambiamento.

Il venditore consapevole riconosce che il processo di apprendimento non si esaurisce mai. L'evoluzione delle strategie di vendita, l'innovazione tecnologica e i cambiamenti nelle dinamiche del mercato richiedono un impegno costante per migliorare e affinare le competenze di vendita. Adottare un'attitudine di apprendimento continuo non è solo una scelta, ma diventa una parte integrante della mentalità di un venditore consapevole.

Questo approccio comprende la partecipazione regolare a corsi di formazione, workshop e seminari dedicati alle nuove tecniche di vendita e alle tendenze del settore. Il venditore consapevole è consapevole delle sue aree di forza e di quelle in cui può migliorare, e si impegna attivamente a colmare queste lacune attraverso l'acquisizione di nuove conoscenze e competenze.

Un'attitudine di apprendimento continuo significa anche esplorare nuove prospettive e approcci. Il venditore consapevole è aperto all'ascolto di diverse opinioni e è disposto a mettere in discussione le proprie convinzioni al fine di crescere professionalmente. Ciò può coinvolgere il confronto con colleghi, la partecipazione a gruppi di studio, o l'essere mentore o mentorato.

Inoltre, l'adozione di un'attitudine di apprendimento continuo va di pari passo con l'auto-riflessione. Il venditore consapevole analizza regolarmente le proprie performance, identifica le aree in cui può migliorare e sviluppa piani d'azione mirati. Questo ciclo di autovalutazione e miglioramento continuo è ciò che alimenta la crescita professionale e consente al venditore consapevole di rimanere al passo con un ambiente commerciale in costante evoluzione.

La formazione permanente non è solo una risorsa, ma diventa una filosofia di vita per il venditore consapevole che aspira a un'eccellenza continua e duratura nella sua carriera.

Il venditore consapevole riconosce anche che l'adozione e l'integrazione di tecnologie avanzate possono rappresentare un vantaggio competitivo significativo. L'innovazione tecnologica ha trasformato radicalmente il panorama delle vendite, introducendo strumenti che rendono il processo di vendita più efficiente, personalizzato e orientato ai risultati.

L'e-commerce e la presenza online diventano parte integrante del kit del venditore consapevole.

Capitalizzare su piattaforme digitali, social media e altre risorse online amplia il raggio d'azione, consentendo di raggiungere nuovi clienti e costruire una presenza di marca più forte.

La tecnologia facilita anche la comunicazione. Strumenti come videoconferenze e chat in tempo reale consentono ai venditori consapevoli di mantenere un contatto più stretto con i clienti, anche quando sono distanti fisicamente. La personalizzazione delle interazioni diventa più accessibile grazie a strumenti di automazione del marketing che consentono di consegnare contenuti mirati e rilevanti.

L'introduzione di nuovi strumenti e metodologie, come la vendita basata sui dati e l'utilizzo di analisi previsionali, permette al venditore consapevole di anticipare le esigenze dei clienti, ottimizzare le strategie di pricing e adattarsi prontamente alle dinamiche di mercato in evoluzione.

In un panorama commerciale in costante evoluzione, il consumatore è il fulcro delle trasformazioni. Il venditore consapevole riconosce che le preferenze dei clienti, le loro abitudini di acquisto e le modalità di interazione con i prodotti e i servizi possono cambiare rapidamente, spesso guidate da nuove tecnologie, tendenze sociali o eventi globali.

Un elemento chiave è l'ascolto attivo. Il venditore consapevole pratica un costante sforzo per comprendere i feedback dei clienti e i dati relativi al comportamento di acquisto. L'analisi di queste informazioni fornisce insight preziosi che possono guidare l'adattamento delle strategie di vendita. Questo non è solo un processo reattivo ma proattivo, in cui il venditore consapevole anticipa le esigenze emergenti piuttosto che reagire tardivamente ai cambiamenti.

L'integrazione di meccanismi di raccolta dati avanzati, come l'intelligenza artificiale e l'apprendimento automatico, diventa essenziale per discernere modelli e tendenze emergenti. Il venditore consapevole, attraverso l'uso sapiente di queste tecnologie, può personalizzare le offerte, predire le esigenze future e stabilire una connessione più profonda con i clienti.

Inoltre, il venditore consapevole comprende che la flessibilità è la chiave dell'adattamento continuo. Questo include la capacità di cambiare rapidamente le strategie di marketing, di modificare la comunicazione e di innovare nei prodotti o nei servizi offerti, il tutto basato su una comprensione profonda delle aspettative del cliente.

In conclusione, l'agilità e la prontezza nell'adattarsi ai cambiamenti nei comportamenti e nelle preferenze dei clienti sono elementi vitali per il successo continuo del venditore consapevole. Questo approccio consente di mantenere una rilevanza costante e di costruire relazioni durature basate sulla comprensione e sulla risposta tempestiva alle mutevoli dinamiche del mercato

Il venditore consapevole riconosce l'importanza cruciale di investire nella propria formazione e sviluppo personale per rimanere all'avanguardia nel dinamico mondo delle vendite.

Prima di tutto, questo piano di sviluppo personale inizia con la consapevolezza delle proprie forze e debolezze. Il venditore analizza le proprie abilità di vendita, identifica le aree in cui può migliorare e riconosce le competenze chiave necessarie per eccellere nella sua professione. Questo processo di autovalutazione è fondamentale per la definizione degli obiettivi di sviluppo personali e professionali.

Il venditore consapevole, inoltre, stabilisce obiettivi chiari e misurabili nel suo piano di sviluppo. Questi obiettivi possono variare dal perfezionamento delle abilità di comunicazione alla padronanza delle nuove tecnologie nel campo delle vendite. L'obiettivo è creare un percorso di miglioramento graduale e sostenibile nel tempo.

La formazione continua è una componente fondamentale di questo piano. Il venditore consapevole partecipa a corsi, seminari, webinar e legge costantemente materiale pertinenti all'industria. Questa continua ricerca del sapere contribuisce a mantenere il venditore al passo con le ultime tendenze, strategie e tecniche di vendita.

Oltre alla formazione specifica nel settore delle vendite, il venditore consapevole integra anche competenze trasversali nel suo piano di sviluppo personale. Queste possono includere abilità di gestione del tempo, capacità di leadership, resilienza mentale e gestione dello stress. Una gamma più ampia di competenze contribuisce a creare un professionista delle vendite equilibrato ed efficace.

Il venditore consapevole si impegna nella riflessione costante e nell'autovalutazione. Periodicamente, riesamina e aggiorna il suo piano di sviluppo personale per assicurarsi che sia allineato agli obiettivi di carriera a lungo termine e alle nuove sfide emergenti nel contesto delle vendite.

In conclusione, creare un piano di sviluppo personale rappresenta un impegno continuo verso l'eccellenza. Il venditore consapevole riconosce che l'evoluzione è un processo ininterrotto e che, attraverso un piano ben strutturato, può continuare a crescere e prosperare come professionista delle vendite.

Se pensi che questo libro ti sia piaciuto e ti abbia aiutato ti chiedo solo di dedicare pochi secondi a lasciare una breve recensione su Amazon!

Grazie,

Alfredo Sacchi

www.ingramcontent.com/pod-product-compliance
Lightning Source LLC
Chambersburg PA
CBHW050647250726
48662CB00002B/535